JN061230

クリストフ・メラース 著

井上典之 訳

ドイツ基本法
——歴史と内容——

Das Grundgesetz:
Geschichte und Inhalt

Christoph Möllers

Translated by Noriyuki Inoue

信 山 社

ミュンヘン時代の友人へ

Originally Published in Germany by C.H.Beck, München
under the title of
Das Grundgesetz: Geschichte und Inhalt,
2., aktualisierte und durchgesehenen Auflage（3. Auflage）
von Christoph Möllers
© Verlag C.H.Beck oHG, München 2019
All rights reserved.

Japanese Translation Rights © Noriyuki Inoue, 2023
This Japanese Edition Published 2023 by Shinzansha Publisher, Tokyo

日本語版への序文

　本日、筆者の簡単なドイツ基本法についての概説書の日本語翻訳本のための序文を執筆できることは、筆者にとって望外の喜びであるとともに名誉である。本書翻訳によって、長きにわたるドイツと日本の法学の間に存在する活発な精神的交流における新たな要素を提供できることは、筆者にとって非常に誇らしく思う。日本国憲法もそうであるように、ドイツの憲法も、敗戦によって決定的にアメリカ合衆国の影響の下で起草された戦後の産物である。一方で、両方の憲法は、うまく成功している。というのも、今日までドイツ連邦共和国も日本も、民主的法治国家の一族に属しているからである。他方で、両方の憲法は、多くの点で区別される。それは、とりわけ秩序に対する裁判所が持っている意義を眺めれば明らかになる。この共通点と相違点の併存は、基本法を比較対象として眺めることを、日本の読者にとっても役に立たせ得るであろう。その意味で、本書が日本でも関心を持ってもらえることを強く希望するものである。

　特にここで、筆者の著書の翻訳を発案してくれ、この翻訳を自身で引き受けてくれた神戸大学の井上典之教授に、筆者の特別の感謝の意を表しておく。

2023 年 4 月、ドイツ・ベルリンにて
　　　　　　　　フンボルト大学　クリストフ・メラース

目　次

◇ 序：最初に考えておくこと——基本法とは何か？ ……………… 3

◆ 第1部 ◆ 前史および成立 ……………………………… 7

1　前　史 …………………………………………………… 8
2　先行的決定 ……………………………………………… 13
3　議会評議会 ……………………………………………… 18
4　基本法の正当性 ………………………………………… 33

◆ 第2部 ◆ テキストとしての基本法 ………………… 37

1　基本法の構造 …………………………………………… 38
2　基本法の中心的規範を読む …………………………… 43
3　基本法のテキストの修正 ……………………………… 57
4　基本法の言語 …………………………………………… 60

◆ 第3部 ◆ 規範としての基本法 ……………………… 63

1　憲法の優位 ……………………………………………… 63
2　基本法の発展における連邦憲法裁判所 ……………… 64
3　基本法と政治 …………………………………………… 68
4　基本法に映し出された政治的エポック ……………… 70

◆ 第4部 ◆ 文化としての基本法 ……………………… 97

目　次

　1　憲法パトリオティズムと憲法民俗学 ･･･････････ 97
　2　国　法　学 ･･･････････････････････････････････ 100
　3　外国での基本法 ･････････････････････････････ 105

◆第5部◆挑　戦 ････････････････････････････ 107

　1　法の支配と国民の支配 ･･･････････････････････ 107
　2　公共の安全と憲法の保護 ･････････････････････ 109
　3　宗　教 ･･･････････････････････････････････････ 114
　4　民主的公共圏 ･･･････････････････････････････ 117
　5　経済憲法－社会的正義－民営化 ･･･････････････ 119
　6　ヨーロッパと国際的秩序 ･････････････････････ 122

◇結語：基本法の欠落している根拠 ･･･････････････ 129

参考文献（134）

訳者あとがき（137）

―――――　　―――――　　―――――

ミヒァエル・ハイニッヒ（Michael Heinig）、オリバー・レプシウス（Oliver Lepsius）、アンナ・ルッツ＝バッハマン（Anna Lutz-Bachman）そしてマリタ・メラース（Marita Möllers）に、多くの刺激を与えていただき、校正をしてもらったことを感謝すると共に、ヨハネス・ブックハイム（Johannes Buchheim）、ヤニス・レンナルツ（Jannis Lennartz）そしてデフネ・トゥーナー（Defne Tuner）には新版出版について感謝の意を表する。

ドイツ基本法

◇序：最初に考えておくこと ── 基本法とは何か？

　「基本法（Grundgesetz）」とは、ドイツ人の間での憲法についての1つの独特な概念である。政治学者のドルフ・シュテルンベルガー（Dolf Sternberger）は、それを「申し分のない名前」と呼んだ。1948・49年の審議において、その名前は、名称の探求に基づき、おそらく社会民主主義者でハンブルク市長のマックス・ブラウアー（Max Brauer）によって提案されたようである。「基本法」を紹介しようとするとき、いかなる歴史が語られるべきなのか、いかなる対象が記述され得るのか。この一見すると平凡な問いの背後には、非常に論争的な問題が隠れている。

　1949年の官報においてその1頁に公表されたテキスト、「ドイツ連邦共和国基本法」は、まさにこの国の統治システムとはなんとなく異なるものではあるが、ある程度別のものと理解することができるものでもある。基本法は1つのテキストであるし、1つの規範でもある。1つのテキストからどのように1つの規範が生ずるのか、基本法の、あるいは他の法律の規範は専ら法テキストに還元されるのか、規範は1つの政治的共同体の実務にどのような痕跡を残していくのか、これらは、法哲学や憲法理論の困難で議論のある問題である。これらの問いにここで答えることはできないが、本書の叙述の初めにそれらを心にとどめておくべきものではある。というのも、一方て、本書の一見自明に思える標題（ドイツ基本法＝井上）が決して簡単に、また一義的にその考え得る内容を確定できないということを示すために、他方で、読者に対して本書に個人的にアクセスすることを釈明する機会を作者に与えてもらうために、である。

◆ 序：最初に考えておくこと ── 基本法とは何か？

　ここでまず第一に、基本法とは、一旦テキストとして理解されることになる。それは、いかなる秩序において生活しているかについての印象を持とうとする各人に開かれている読み物となるテキストである。「憲法解釈者の開かれた社会（Peter Häberle）」でのそのような読み物は、自分にとっての政治的秩序がいかに形成されるのか、また、自分にとっての憲法がどのように読まれるべきかを決定するためには、市民自身が自分で考えなければならないような民主制にふさわしいものである。テキストのあらゆる理解が同じように確かなものではなく、訓練を積んでいない読者が、自身による注意深い研究を通じて1人の憲法学者、あるいは連邦憲法裁判所に変わってしまうものではない。また、基本法は、いずれにせよその初稿において、美しく簡素な言葉で示されたテキストであったが、そのために簡単には理解され得ないテキストでもある。基本法は、みんなのためのテキストであると同時に ── ここで困難な、しかし不可避の民主的憲法の矛盾をもたらすことになる ── 専門家のためのテキストでもある ── 好奇心旺盛な読者と同様に専門の解釈者が取り扱うことのできる現存する一編の文学とまさに比較可能なものでもある。読者に初見の厄介さにとりつかれることを改めさせることなく、基本法という技術的に正しい読み物から取り次がれるものを提示することが本書の目標である。というのも、結局のところ、基本法は彼らの、つまり我々のテキストであり続けているからである。

　しかし、基本法は、規範であり、1つの制度でもある。それは、政治的秩序がいかにあるべきかを記述している ── そして、その規範性はテキストとしてのその性質と非常に関係している。そのような規範は、閉ざされたテキストからのみ成り立っているわけではなく、我々は、少なくとも英国のそれのように、成文憲法をもたない政治的秩序を知っている。しかし、憲法テキストの不存在は、この

場合、英国の政治的実務といった集積された伝統のように、その規範性を制限されることになる。というのも、テキストで具体的に示されるのではなく、伝統や慣習を参照するだけの憲法は、規範と現実との境界線を成文憲法ほど明確には引かないからである。言い換えれば、基本法のテキストのおかげで、我々は、社会の、そして政治の現実に基準を対置させることができるようになる —— 例えば、裁判所としてだけでなく、「すべての国家権力は国民に由来する」とするならば、この規範はどの程度ドイツで実現されているのかといった問題を提起する市民としてでも、である。規範と現実との乖離は、決して病理学的なものではなく、それは、規範を、そうでなければ現実と区別させないであろうものに初めてすることになる。その規範という読み物は、現実を批判することに奉仕しなければならず、「誤った約束」としての憲法の化けの皮をはがすものではない。民主的憲法という約束は、失望の現存する源としてではなく、素人も権威ある者も基本法を喜んで読むのであれば、むしろ秩序をさらに発展させる刺激として奉仕するものと考えられるべきことになろう。

　以上のような考察は、本書の構成を帰結させることになり、具体的には、その２つの中心的な章について帰結させる。本書は、まず、基本法の「前史および成立」についての導入（第１部）に続いて「テキストとしての基本法」という内容が提示され、そこでは、構成や構造、若干の中心的叙述をよりよく理解できるようにするために初見者の視点が取り出される（第２部）。それに続けて、「規範としての基本法」では、我々の政治的・社会的秩序における１つのファクターとしての観念を取り上げ、基本法をドイツ連邦共和国のささやかな歴史の中に埋め込む（第３部）。その後は基本法という憲法文化の章（第４部）が続き、最後に、基本法への若干の現実的

な挑戦についての章（第5部）で締めくくる。体系的、歴史的問題は、本書の叙述では、不可避的にお互い交錯しあうものとなる。

◇第１部◇ 前史および成立

　１つの制度が70年という時間にわたって存続しているというのは、その制度はもはや最近のものではないということができる。まさに、基本法はそうである。その妥当性の出発は、1949年の同時代人が1879年の第二帝政の時代に対して感じていたのと同じように、我々にとってかなり以前のもののように感じられる。しかし、1949年の同時代人にとっての70年間には３つの政治的秩序 ── 第二帝国、ヴァイマル共和国、ナチスの時代 ── と２つの世界大戦が重要な出来事となっていたが、基本法の70年は、平穏無事で、いずれにせよカタストロフィーの少ない時代である。この結果は喜ばしいことではあるが、それは将来に対してほとんど役に立つものではない。マキャベリ（Machiavelli）は、新しい秩序が古いそれよりも正当性を持つということをすでに確認していた。最近の比較される研究によれば、70年という年月は、大西洋地域での諸革命以来の19年という近代的憲法の平均的な妥当期間には到達している。アメリカ合衆国憲法のように長期間の年数を経ている憲法はほとんど存在していないし、古い秩序には本当に問題があろうということから新たな秩序が必要であるというようなことは必ずしもない。制度化されていることのこの移ろいやすさは、2019年の現在において、10年前よりもはっきりと目の前に現れている。今日、民主的法治国家の基本的構成要素は、国際的・ヨーロッパ的な結合という政治的プロジェクトと同じように論争を呼ぶものとなっているし、

それは、基本法の制定者にとっても予想されていたようなものでも
あった。このことは、基本法の秩序を確かに修正しているが、必ず
しも終わらせるものではない。基本法は、いつの間にか、1つの歴
史的な現象になっていたということである。

◆ 1 前 史

　ドイツにおいて、憲法上も、「古き良き時代」というものは存在
していなかった。それを19世紀に求めようとする者は、政治的自
由を枝葉末節的なこととみなすにちがいない。

長い19世紀　　成文憲法の歴史は、18世紀末のアメリカ合衆国や
フランスでの民主的革命に始まる。これらの革命
は、憲法という理念に新たな意味を与えた。憲法は、いまや民主的
秩序の創設を記述する統一的文書になっている。しかし、18世紀
から19世紀への転換点の細かく分裂していたドイツの国家状況に
とって、このような着想は、ほんの一部において、1つの政治的選
択肢にすぎなかった。ナポレオンの侵略の結果、成文憲法は、1810
年代以降、ドイツでもゆっくりと価値が認められるようになり始め
た近代化の目印であった。すなわち、それは19世紀全体にわたっ
て進行するプロセスである。確かに、ドイツでの成文憲法は、民主
主義の新たな創設の表明ではない。19世紀の進行の中で施行され
る諸憲法は、存続する君主制という条件の下で、依然として主権を
主張する君主が自らに一定のルールの遵守を義務づけるという、君
主とその臣民の間のある種の契約として機能しているだけである。
君主が立憲的秩序の一部になるが、この立憲的秩序は君主の独自の
要求をいつでもとり上げることができるということが、立憲君主制

の中心的な制度上の問題である。この矛盾は、ドイツ憲法史を第一次世界大戦まで煩わせることになる。それは、制度的には、市民の代表機関、すなわち議会と、君主の下にある行政との間の抗争において現れ、その対立は、法によってではなく ── そしてこのことは君主に有利に作用することを意味するのだが ── 紛争を抑え込む政治的・軍事的な力によって決定されていた。

　それ故に、基本法の制定者にとって、19 世紀のドイツの諸憲法は、ほんの限定的にしか模範とはならない。例えば、政府の議会に対する責任や、裁判所による立法者のコントロール ── それは 19 世紀にはアメリカ合衆国以外の国では確かに異例なものであった ── といった基本法を特徴づける諸要素や、一般的な憲法原理の定式化といったものは、その時代の諸憲法には見出せない。ドイツ諸邦の憲法は、たいていの場合、独自の基本権という部分を持たない組織法であった。19 世紀のヨーロッパでは、憲法裁判という制度がまさに未知のものであったために、基本法になって初めて知るようになった「憲法の優位」ということを語ることもできない（第 3 部 1 参照）。基本権は、19 世紀において、立法者に対して異議を述べ得るような保障ではない。リベラルな議会と、君主制の下での行政との間の対立において、基本権は、行政を拘束するために、むしろ法律の形式で実現されなければならなかった。そのために、19 世紀の基本権は、プレス法や営業法の中に見出される。それに対応して、多数者が反対すれば、議会による基本権の保障は、ビスマルクの社会主義的法律におけるように、再び取り消され得るようなものであった。

　基本法の簡潔な文言は、ともかくもこの時代に遡ることができる。ドイツ国民国家の最初の憲法である帝国憲法に、我々は、良く知られるようになったと思われるものとは異なる諸要素を見つけ出す。

例えば、それ自体は古い帝国に由来するが、「首相（Kanzler）」という帝国を指導する首班の名称から、立法における帝国議会と連邦参議院の併存に至るまで、多くの概念的諸要素が、基本法に再び登場することになる。

19世紀のドイツ憲法史に基本法の模範を求めるならば、パウル教会の憲法だけを挙げることができる。1848年から49年の革命で失敗したこのプロジェクトは、ヴァイマルとボンでの2つのドイツにおける民主的な憲法制定にとって、1つの志向点として役立つ。今日、この憲法を読めば、それは極めて近代的な効果を持つものであり、例えばベルギーや英国におけるその時代の立憲君主制を、そしてとりわけアメリカ合衆国の憲法を志向するものといえる。確かに、パウル教会憲法も、政府の議会責任の導入にまでは至っていない。そのために、その憲法は、君主制の下での行政と、民主的立法者の二元主義にとらわれたままではある。基本権カタログの近代的定式化やその裁判所による審査の先取りのような規定は、たとえここで特記されるべき民主的制度に対する法治国家的制度の優位がそれ自体においてドイツ憲法史にとって典型的であるとしても、1つの指標となっている。

しかし、基本法への本質的な影響は、ドイツの法治国家的伝統として19世紀の諸憲法にはほとんど見られない。その伝統とは、特に「自由および財産」への介入の根拠としての行政の行為に対する法律の中心的な役割、強力な裁判所による行政に対するコントロール、比例性の基準（第3部4参照）の展開、比較的広範な司法の独立などである。これらの成果物を、基本法は憲法の序列にまで高めている。

ヴァイマル共和国と国家社会主義

不当にも、ヴァイマル共和国憲法は、依然としてあまり評判が良くない。そこでは、

ヴァイマル時代の政治の基本的問題や、ドイツ国民の多数における
議院内閣制の人気のなさを鋭く認識し、構成的に解決しようとした
非常にうまく作られた憲法が問題とされているのである。それは、
一方で議院内閣制を制度化しつつ、他方、強力で、直接選挙される
共和国大統領や国民投票というもので対処しようとしていた。ヴァ
イマル共和国憲法というシステムは、代表民主制的な正当性と直接
民主制的な正当性を併存させていた。これは、後に基本法では意識
的に否定されるのではあるが、例えば現行のフランス憲法において
のように、世界の多くの諸憲法において今日でも再発見し得る注目
に値する制度的な解決方法ではあった。この組織モデルに、基本権
の現代的コンセプトが付け加えられる。それは — しばしば主張さ
れるように — 「プログラム規定」としてのみ機能したわけではな
く、行政行為の法律適合性やその裁判所による審査を確保するもの
であった。そのような成果は、ヴァイマル共和国憲法に、その終焉
をもたらす結果から切り下げられ得ない価値を付与することになる。
ヴァイマル共和国憲法は — 2つの世界大戦の戦間期のほとんどす
べてのヨーロッパの民主制がそうであったように — それが失敗に
終わったという観点からだけ、評価の土俵にのせてはならない。む
しろ、それは、そこから — 消極的においてだけではなく — 学ぶ
べきことが得られる高水準の憲法政策的経験として評価すべきであ
ろう。ヴァイマル共和国憲法は、ドイツにおける最初の、そして基
本法までの唯一の民主的秩序を生み出したものであったことはいう
までもない。そのために、それは、我々の数少ない民主的伝統の構
成要素の中心に位置づけられる。そこでは、女性の選挙権、刑事法
や青少年への配慮、財政憲法、社会権の規定といった諸制度の改革、
共和国政府の現代的な職務規定といったあまり知られていない要素
が、憲法上考え得る進歩に属することになる。これらすべての成果

は、まさにバウハウス文化や実験的演劇と同じように、ヴァイマル共和国の古典的近代化の一部になるのである。

　以上のような諸制度や、ヴァイマル憲法の理論家ならびに実務家を想起することは、本来的に、ドイツ連邦共和国の機能する民主的憲法文化に違いないだろう ── そしてそれは、ヴァイマル共和国憲法の起草者で、非常に創造的でリベラルな国法学者であったヒューゴ・プロイス（Hugo Preuß）が第二帝国では学問的な承認を拒否され、ヴァイマル共和国になって初めて教授としての地位を得る機会を持ったことを想起するのではなく、少なくとも代表民主主義の敵とされるローザ・ルクセンブルク（Rosa Luxemburg）を想起することが保護されることに困惑し続けるようにである。

否定的模範としての
国家社会主義
　　　　　　　　　　個人の権利や議会主義を廃止することによって、国家社会主義はヴァイマルの秩序を終わらせた。同時に、法システムの一部、例えば民事裁判や刑事裁判のようなものは、さらに機能させていた ── そして、それらは、必要となれば、政治的な影響力を行使して、あるいは裁判官の自己統制によって、当該システムの要求に適合させたのであった。

　国家社会主義は、我々がそう考えているように、基本法それ自体の創設者にとってはネガティヴな引き立て役、すなわち、ある種の反憲法的なものとして用いられた。今後のドイツでの独裁者の出現の阻止が、連合国の、それと共に議会評議会（Parlamentarischer Rat）のメンバーの決定的な関心事であった。数多くの人的・社会的継続性にもかかわらず、国家社会主義は、基本法への直接的な影響を及ぼし得なかった。法秩序の国家社会主義的な改築がいかに理解され得るのかという問題、すなわち、道徳的な意識を持たない官吏や裁判官による法律上のルールの思慮なき適用は問題ないのかということが、確かに、基本法にとっては重要であり続けた。この問

題に対する説明が、戦後期においては支配的になった。その説明は、
もとより、法律への服従という強い顧慮だけが司法を体制の幇助者
にしたということを示そうと欲していた司法の自己正当化に用いら
れた。自然法あるいは「超実定的な」諸要素から成ると考えられる
道徳を実定法に充填をすることが、理論として申し立てられた。か
つてのナチ裁判官を抱え込んでいた連邦通常裁判所、すなわち、民
事・刑事事件の最上級裁判所は、この説明を主張していた。それに
対して、連邦憲法裁判所は、その後それを放棄するために、その初
期の決定においてだけ「超実定的な法」という概念を用いたにすぎ
なかった。今日、我々は、国家社会主義時代の判例が決して法律文
言に厳格に従っていたわけではなく、政治的あるいは人種的に訴追
されている訴訟当事者を差別することが重要になる場合には、法律
のテキストを意識して創造的に取り扱っていたということを、歴史
研究から詳しく知っている。国家社会主義のイデオロギーは、なん
といっても超実定的な法であることを当然のこととして要求してい
た。そのうえ、それは、国家社会主義の経験から民主的な立法者と
のやり取りのための理論を引き出そうとする驚くべき思想でもあっ
た。これに対して、基本法の中で明示的に指示された裁判所の法律
拘束性は、立法者の民主的正当性からまさに裁判の正当化理由を引
き出すのである。

◆ 2　先行的決定

　出発は諸ラントであった。ドイツ降伏の後すぐに、連合国は、ド
イツで、三権すべてを備えた諸ラントを創設した。それは、自らで
憲法を制定し、自由かつ平等な議会選挙を行うものであった。その

ラント知事は、連合国の最も重要な政治的主張のパートナーであっ
たし、両者の間の緊張にみちた対話の中で基本法を起草させようと
する制度が成立した。西側の連合国とソビエトに占領された地域と
の間の対立の激化によって、西側に共同の秩序を限定する必要性が
生じた。西側の連合国にとっては、来るべきドイツの憲法の一致し
た基本決定が確認された。その憲法は、民主的で権力分立的な形式
を与えられ、独立した司法を規定するものと考えられた。さらにそ
のうえ、アメリカ人は、連邦主義的な国家組織に大きな価値を置い
ていたのであった。

ヘレンキームゼー草案 1948 年 8 月、西側地域のラント知事の発
案、具体的にはバイエルン州知事のハン
ス・エーハルト（Hans Ehard）の招待によって、憲法制定の可能性
を議論するために、政治家、官史そして憲法学者が、キームゼーの
ヘレン島に集まった。関連する 11 の個々のラントは、そこに全権
代表者を送り込むことができた。そのアシスタントや更なる専門家
たちも、そこでの議論に参加した。議会評議会の影響力ある幾人か
のメンバー、例えばアドルフ・ジュスターヘン（Adolf Süsterhenn）
やカルロ・シュミット（Carlo Schmid）などが、その審議に参加し
たのであった。

　そこで作成された草案は、議会評議会への非公式の提案として用
いられるものであった。西ドイツの国家創設という基本的問題は、
議論において未決定のままであった。しかし、まさに自由国家・バ
イエルン州にとって、憲法委員会（Konvent）が、強い連邦国家的で、
中央集権化されていない秩序を貫徹するために、1 つの政治的手段
と考えられていた。連邦首相、連邦議会および連邦参議院の議長か
らなる 3 つの頭を持つ「連邦の幹部（Bundespräsidium）」の創設は、
このアプローチのための 1 つの例である。真正の国家元首

(Staatsoberhaupt) についての規定は回避されたのであった。

　憲法委員会の仕事は、同時代の大衆にさしたる共感を生み出すものではなかった。その結果はほとんど重要なものと位置づけられておらず、牧歌的な場所への参加者の仕事は報道によって揶揄されていた。確かに今日「ヘレンキームゼー草案」を読んでみれば、直ちに基本法との類似性が明らかになる。その草案は、それ自体において人間の尊厳保障という先行形式で始まる基本権から出発する。テキストの構成は、基本法のそれの多くに一致が見られ、確かに個々の規定の定式は、部分的に完全に一致している。例えば、ヘレンキームゼー草案 24 条 1 項と基本法 24 条 1 項などである。多くの重要な問題 ── 例えばラントの連邦立法への参加 ── は、様々なヴァリエーションで開かれたままであった。結局のところ、バイエルン州が期待していたように、草案は、ラントの強い役割を規定していた。

　それにもかかわらず、その草案は、議会評議会のメンバーにとって一貫して 1 つの志向点として用いられ、そのことによって、他の先駆的テキストとは異なり、基本法の体系や文言上の表現方法を特徴づけたのであった。しばしば議会評議会では、既にヘレンキームゼー草案によって既に定式化の選択肢が自由に用いることができた決定が下され得た。このことによって、若干の人たちによってわずか 3 週間で作成された文書が、注目に値する成果になっているのであった。

暫定的制度としての基本法　しかしながら、多くのラント知事は、3 つの西側の占領地域に独自の憲法秩序を生み出すことに躊躇した。それは、一方で、ソビエト占領地域をドイツの新たな創設から排除するものではないと考えたためであり、他方で、真の憲法制定は、連合国の監視の下ではなく、主権的

な自己決定においてのみ行い得ると考えたためであった。このような関心事が切迫したもののように感じられるようになればそれだけ、成立する秩序を「憲法」として、そして、多かれ少なかれ何となく最終的なものとして承認することに対する抵抗はより強くなった。参加者がこの問題をよりプラグマティックに考えればそれだけ、彼らは、思い切って憲法制定を試みようとし、それをそのようなものとして特徴づけようとしたのであった。原則的に、社会民主主義者は、それを「国家的（national）」と考え、それ故に、その展開に懐疑的に向かい合った。このことは、特にカルロ・シュミットに妥当する（後掲3. の「別の憲法理解：人間の尊厳の例」参照）。それに対して、キリスト教民主主義のラント代表者たちは、連邦主義的に整えていき、一方でより弱い中央権力に賛成すると同時に、他方で西ドイツの憲法制定をより明確に支持していた。この対立で重要な仲裁者は、2人の社会民主主義的な市長であった。1人は、ベルリンのエルンスト・ロイター（Ernst Reuter）であり、彼は、1948年7月のニーダーバルト（Niederwald）で行われた第2回知事会議で、西側での民主的秩序モデルの成立は東側との関係を明確にする —— 少なくともベルリンという都市の一部を民主的なものにする —— 唯一の可能性となることを明らかにした。もう1人はハンブルク政府の市長であったマックス・ブラウアー（Max Brauer）であり、彼は、結局、憲法の名称を、そう呼ばれるべきはないと考え、基本法とするよう提案した。すでにソビエトの影響を受ける地域拡大のために真の国家建設に迫られていた西側の連合国は、その名称についてはそもそもほとんど問題にしなかった。ドイツ人は、「基本的な国家の法」あるいは「基本的憲法」という名称で示されていた表現を、より多くのことを示唆するために、意図されたものとして翻訳していた。基本法の前文の最初の草案は、後に続くテキストの意味を相

対化する点でも転覆していた。その時代のジャーナリストの1人は、次のようにコメントしていた。「私は、より大きく強調してそれに続く内容を無価値化するような憲法の序文を見たことがない」。時の流れによって、ここにドイツの法状況と無関係にそのようなものとして内容上他国の憲法と区別され得ないようなテキストができあがったという、最も懐疑的な視点も明らかになっていった ── それは、遅くとも1989・90年のドイツ再統一の瞬間に正しかったと証明されるような印象である。

　基本法という名称が暫定的制度を示す必要性から出てきているとするならば、後になってから、東ドイツを排除しないために最終的な決定を回避しようとするドイツ人の懸念はそちらの側で非常に特殊な憲法理解の表明ではなかったのか否かという問題が提起される。憲法制定を最終的なものとは決して考えていなかったアメリカ人同様、やがて第四共和政において生活することになるフランス人にとって、知事たちの概念的な問題は、民主的諸憲法が厳密に取り上げれば常に暫定的性格しか持たないが故にも、理解することが難しいままで残っていた。まさに自己決定した世代が次の世代へと続いていく民主制での憲法制定が本来的に決して終局的なものではない ── 誰もトーマス・ジェファーソンのようにそれを明確に定式化しないが ── という観念は、より強く法治国家的に刻印づけられるドイツの戦後政治とは異質であり続けた。基本法を暫定的制度と理解することは、ドイツ再統一後の最近になって、完全に意味のないことであるとされた ── あるいはより正確には、基本法をなんとなく別の民主的秩序として暫定的なものとみなすことが無意味になっているということである。

◆ 3 議会評議会

構成と組織　　議会評議会についての研究は非常に多いが、市民、憲法関係者の一般的な政治的意識において、それが基本法という憲法制定を行ったとは考えられていない。とりわけコンラート・アデナウアー（Konrad Adenauer）やセオドール・ホイス（Theodor Heuss）、あるいはカルロ・シュミット、トーマス・デーラー（Thomas Dehler）、ハインリッヒ・フォン・ブレンターノ（Heinrich von Brentano）といった多くのメンバーを、我々はドイツ連邦共和国のその後の政治史から知ることになるし、ヘルマン・フォン・マンゴルト（Hermann von Mangoldt）、ロベルト・レール（Robert Lehr）、ヴァルター・メンツェル（Walter Menzel）、アントン・プファイファー（Anton Pfeifer）、エリザベス・ゼルベルト（Elisabeth Selbert）あるいはヴァルター・シュトラウス（Walter Strauss）といった議会評議会の他の重要なメンバーは、今日までほとんど何も伝わっていない。彼らは、みんな全員、アメリカ合衆国ではすべての生徒が知っている憲法の偉大な起草者、マディソン（Madison）やアダムス（Adams）のように著名ではなかったが、このことは、我々の憲法の成立への一般的な無関心を説明するものではないし、民主的な憲法文化（後掲第 4 部参照）が欠けていたことの唯一の暗示でもない。死刑を憲法上廃止させることに尽力したフリードリヒ・ヴィルヘルム・ワグナー（Friedrich Wilhelm Wagner）や、エリザベス・ゼルベルトと共に女性の同権性を基本法にもたらしたフリーデリケ・ナディッヒ（Friederike Nadig）を同じように誰も知らないことは、いずれにせよ良い例証ではない。

　西側の連合国は、1948 年 7 月 1 日のいわゆるフランクフルト文

書において、その占領地域の州知事たちに、遅くとも同年9月1日までに「憲法制定会議（Verfassungsgebende Versammlung）」を設置するよう促した。当該州によって派遣されていた議会評議会のメンバーたちは、まさにその日にボンの王立博物館で会議を催し、最初の会合でコンラート・アデナウアーを議長の職 ── それは彼の政治的な声望において初めて支持されたものでもあった ── に選んだのであった。議会評議会の最後の会合は、諸ラント議会による最終的な基本法の裁可の後に初めて開かれた。1949年5月23日、議会評議会は、基本法の承認を確認し、それを公布した。この日が、基本法が憲法となった記念日として妥当することになる。

　議会評議会は、（投票権を持たないベルリン代表を除いて）各ラント議会によって決定された65人のメンバーから構成されていた。各ラントは、その住民数に応じた数のメンバーを議会評議会に派遣していた。政党の配分は、すべての州において、議席の比例代表原理に従い決定されていた ── これは、ドイツ連邦議会の議員選挙について後に導入される比例代表選挙に関する本質的な先行決定を意味していた。議会評議会の投票権を持つ65人のメンバーは、議論を政治的に決定づけた27人ずつのキリスト教民主党員と社会民主党員、5人の自由党員、2名の共産党員、2名のドイツ国家自由主義党員そして2名のカトリック中央党員から成っていた。議会評議会の構成を別の基準でみてみれば、それは、戦後西ドイツにおける1つの公的委員会にとって非典型的なもののようではなかった。女性は4人だけが議会評議会のメンバーにすぎず、47人がかつての、あるいは現役の官吏そして裁判官てあり、そのうちの32人が法律家で、11人が経済学者であった。議会評議会の35人のメンバーは、博士学位を有していた。構成メンバーの平均年齢はほぼ55歳であり、これも典型的であった。国家社会主義が若年層の男子による統

治体制として機能していたとすれば、初期の連邦共和国は老齢者の支配になっていた。

1つのパラメーターだけが非典型的のようである。すなわち、議会評議会のメンバーには、国家社会主義と深くかかわっていた者はほとんどおらず、非常に多くは、国内あるいは国外亡命者であったか、抵抗運動に従事していた者たちであり、若干の者は強制収容所にぶち込まれていた。そのために、議会評議会は ── 連邦憲法裁判所が仕事を始めるまで ── 政治的には国家社会主義に対する反対派が多数となり、投票や意見形成に影響を及ぼし得た西ドイツでの唯一の意味ある国家機関であり続けた。

議会評議会は、諸ラントの、そして政治的には、常に連合国と紛争を惹起するような表決で手続を展開した州知事たちの創造物であった。諸ラントは、メンバーの人的装備を決定し、役に立つ官吏のような仕組み（ministerialer Apparat）を自由に使え、すべてを組織するための手段を持っていた。議会評議会は、まさに「諸ラントの」評議会であった。議論が開始された後でも、ラント政府のメンバーが議会評議会での独自の発言権を持ち得るのか否かという問題は不明確なままであった。その問題は、典型的な実務によって解決されていた。意見を述べる者は、手続上のルールもなしに非公式に聴聞された。そのように、諸ラントは、議会評議会を用いることで「自分たちの」同盟を創りあげていた ── それは、基本法の憲法史の流れの中で素早く過去のことにしてしまったという1つの事態であるが、ドイツの憲法史にとっては新しいものではない。第二帝政においても、帝国建国の連邦的根源は、すぐに過去のことにされてしまっていた。諸ラントのこのような優勢にもかかわらず、議会評議会は、自主的な議論の文化をうまく展開していた。

ドイツ連邦共和国のその後の歴史を背景に議会評議会の出発を観

察すれば、政治的状況の多くの形式が今日普通のものと思われるということに気づく。それについては2つの例が挙げられる。ラント議会は、諸ラントが自らの代表者を議会評議会に派遣することができた手続を決定づけた州知事たちによって立案された同じ「見本となる法律（Mustergesetz）」を全て決定したということが、第一の例になる。この法律は、連合国が州知事たちに定めた時間的切迫にも原因があった。しかしながら、「見本となる法律」という形式は、今日同じようにドイツの連邦体制における連邦主義への二重の先駆けのようにも思える。諸ラントは1つの統一的規制を得ようと努め、選挙法においての連邦的多様性を放棄したのであった —— 統一的規制は州知事の間のレベルで合意され、その結果、ラント議会は独自の決定をただ押し殺され得るのであった。第二の例は以下のものになる。招待された州の代表としてボンの議会評議会で挨拶を行ったノルトライン・ヴェストファーレン州のキリスト教民主党の知事として、カール・アルノルト（Karl Arnold）が、政党政治上の調和を保障するために、ヘッセン州の社会民主党の知事であったクリスチャン・ストック（Christian Stock）に続いて演説を行った。すべての政党を保護することのこの必要性もまた、ドイツ連邦共和国では長らく維持され続けた —— 概して、州の代表者とこの時点で初めて成立した連邦政治的政党制度の模写との間の議会評議会の不確かな役割は、既にその成立において、基本法の実務の、特に連邦参議院の両面価値的な自己理解の多くのものの先駆けになっている。

　議会評議会は、多くの委員会において活動し、全体の本会議ではほとんど活動していなかった。委員会の分割は、1つの体系ではなく、期待されるべき議論に鑑みて作業負担の合理的配分を志向するものであった。そこでは、基本原則問題についての、権限の限界づけについての、財政問題についての、選挙権問題についての、占領

法規についての委員会と、連邦の組織ならびに憲法裁判所と司法についての複合委員会で構成されていた。これらの委員会の上に、いかなる提案が全体の本会議での票決のために提示されるべきかについての決定を行う、調整のために考えられた上部主要委員会（Hauptausschuss）が存在した。この上部主要委員会はカルロ・シュミットによって提案されたものであった。それに加えて、諸提案の文言上の、そして体系的な校訂を行う自発的に成立した一般的編集委員会（der Allgemeine Redaktionsausschuss）が実務的には非常に重要であった。そこにはたった 3 人のメンバーしかいなかった。後に連邦外務大臣になるハインリッヒ・フォン・ブレンターノ（CDU）、後のヘッセン州知事になるゲオルグ・アウグスト・チン（Georg Augst Zinn）（SPD）そして後に連邦法務大臣になるトーマス・デーラー（FDP）である。

　委員会の作業は様々に形成されていた。その内容が始原的に基本法に組み入れられるべきと考えられていた占領法規についての委員会の任務は、完全に不明確であり続けた。というのも、議会評議会とは無関係に、最終的には問題を解決していた連合国が何を期待していたのかは不確かであったためである。特に効率的だったのは、基本原則問題についての委員会の作業であり、そこでは基本権の章の形成が引き受けられ、それを政治的論争から解放していたのであった。

中心的争点：
制度と憲法理解　道徳的なまじめさ、政治的妥協性そして法学的専門性からの印象的な総合判断が、議会評議会の審議を際立たせた。このことは、特に決定的な争点で示される。連邦主義的秩序の形成は、議会評議会の審議における最初の、中心的論争点であった。そこでは、社会民主党員が、彼らの政治的目標と彼らの国家理解との間のジレンマ状態にあった。一方で、彼らは、

東側地域と西側地域との統一を非常に強固な制度的固定化によって
無に帰せしめないようにするために、真性の西側国家の建国を意図
してはいなかった。そのために、彼らは、真の憲法も得ようとはし
ておらず、むしろスリムな「組織法」を目指していた。他方で、社
会民主党は、憲法理論的には、強い中央権力に、したがって制度的
には連邦制とは反対のものに好意的だった。それに対して、キリス
ト教民主党員の考えは融通の利くものであった。それは、諸ラント
の事実上の優位に従うものであり、連合国の考えに多くは一致して
いた。国民主権や国家性といった絶対的な概念は、キリスト教民主
党員たちの政治的な作業の邪魔にはならなかった。

　議会評議会での最も重要な論争の1つが、立法機関の第二院の内
容形成を巡って展開された。古いドイツの模範に従って、ラント政
府の代表が一定の数値を割り当てられた投票数をもって制度化され
るべき、すなわち連邦参議院であったのであろうか ── あるいは、
アメリカ合衆国のモデルに従って、州の住民が州議会を通してその
都度1人あるいは2人の、連邦で州の利益を主張する代議員を選ぶ
ものの方がよかったのだろうか。上院に関する解決策は、一定程度、
連邦主義的であるとともに民主的でもあった。すなわち、すべての
ラントにその大きさとは無関係に平等の影響力を認める直接選挙さ
れた真性の議会の一院が重要であった。それに対して、連邦参議院
は、たとえ民主的に正当な統治権を持つものであったとしても、古
い貴族院を引き継ぐもののようであった。連邦の政治へのラントの
影響力は、連邦参議院によってより大きくなった。それに対応して、
この代替案は、多くのCDU党員、とりわけCSUの党員により選
好されたが、アデナウアーによっては好まれなかった。見出された
解決策は、多少のやり取りの後に、その権限において連邦議会と同
等ではない連邦参議院を生み出した。それは、我々の政治システム

に対して、大きな、そして議会評議会が意図していなかったような結果を持つ決定であった（後掲第 3 部 4 の「目標なき連邦主義」参照）。

　議会評議会はすでに、強力なロビー活動の対象でもあった。それは、特に教会と労働組合によるロビー活動の対象になった。それらは、大きな政治的信用失墜を受けずに国家社会主義を切り抜け、同様の他の利益団体よりその道徳的重要性に優っていた 2 つの社会的グループであった。その際に、労働組合は、教会の成果を羨ましく思っていた。一方、教会は、自らで成し遂げた結果に不当にも決して満足していなかったのではあるが。基本法において経済的・社会的秩序を自分たちの考える意味で定義づけようとする労働組合の要求は、SPD において一度たりとも共感を得られるものではなかった。それでも、社会国家原理の導入や、労働組合の提案に従った基本法 9 条 3 項での団体結成の自由の定式化は、大きな成果として記録された。しかしそれらは、議会評議会内部ではいずれにしてもほとんど異論のあるものではなかった。例えば住居や労働に関する社会的基本権を成立するよう通過させることは、もとより、SPD が社会的基本権を「最終的な」憲法の中で採用することができると考えていたために、確かになされなかった。

　それとは別のことが教会の要求に妥当する。その要求は、連邦主義の内容形成と共に、キリスト教民主党員と社会民主党員の間の第二の中心的意見の相違を形成していた。教会は、新たな憲法によって、公的生活における中心的地位の保障を期待していた。今日まで妥当するヴァイマル共和国憲法の規律の継承によって、結局、教会はそのような地位も得ている（後掲第 5 部 3 参照）。キリスト教民主党で時折希望されていたように、十字架は、連邦の国旗に取り入れられなかった。宗派学校についての問題は特に重要であった。両親がその子どもを教会志向的な公立学校に通わせる権利を保持するべ

きであったのか、それとも、一般的な義務教育ではこのことを排除すべきだったのか。宗派学校は残った。それらは、今日まで、多くの連邦諸ラントで広く普及している。それに加え、基本法は、宗教の授業を全ての公立学校での「正規の授業科目」として統合した。この比類なきモデルにおいて、宗教教育は、公立学校の授業プログラムの一部であるが、その内容は、その都度の責任ある宗教団体によって決定されるものとなっている。確かに、諸ラントは、1949年以前に異なったルールを持っていた場合、この規律を引き受けるよう強制されてはいなかった。そのために、ベルリンやブレーメン、その他の新たな諸ラントでは、その規制が今日までなされていない。

　最後の瞬間まで、財政行政の連邦主義的組織は、議会評議会の内部でも、議会評議会と連合国の間でも、意見が一致しないままだった。連合国は、独自の課税を行うことができる連邦と諸ラントの独自の財政行政というできる限り分権的な財政構造を構築するよう迫っていた。連合国にとっては、この組織の構築が、とりわけ強いドイツの中央集権的行政を阻止する1つの手段であった。しかしむしろ今日では、この提案の中に、どうしようもなく連邦と諸ラントの間に組み入れられた、それ故に非効率的で非民主的な財政憲法に対する有用な道具が見出されることになる。しかしながら、連合国の要求は若干のラントで、ならびにキリスト教民主党でも重要な支持者を得たのであったが、基本法では考慮されなかった。連合国の要求は、他の論争のある問題の議論において、審議すべきその他大勢と同じようなものとして消えていったのであった。

　後になってからみれば、議会評議会における重大な論争問題は、ゆっくりと討議して決着がつけられたというよりもほとんど決定されていないように思える。このことは、多種多様な誤解や翻訳の問題によって特徴づけられる連合国、それはそちらの内で仲たがいし

ていたのであるが、それらとのコミュニケーションのせいであった。しかし、そのことは、討論の結果が機能し得るようにするためには、その結果が政治的多数派によるだけでなくドイツ共産党（KPD）を除くすべての党派の合意によってなされていたということととりわけ関連していた。このような妥協の必要性を考慮すれば、基本法の始原的テキストがいかに簡潔で完結であったかが注目に値し続けた。基本法のスタイルにとって、それが暫定的制度になるという想定は幸運なことであった。創り出された言葉は１つの法的意味を持てばよく、多くの言葉が創り出される必要はなかった。意見の一致の強制は、それが現在にとっても１つの教訓ではあるが、よろしくない憲法の様式であることの理由にはならないのである。

二種類の憲法理解：人間の尊厳という例　議会評議会での審理は、それ故に、全体としての上述の対立にもかかわらず、意見の一致を得ようとする努力とお互いの慎重な政治的やり取りによって特徴づけられていた。内的に厄介な結合が問題なのではなく、連合国に対してぼろを出さないようにすることが重要であった。このことは、議論に不偏不党性という独自のパトスを付与した。既にみたように、それにもかかわらず、若干の政治的に刺激された論争はあった。これと共に、議会評議会の協議は、憲法理解における根本的な相違をも示していた。ここでは、基本法の具体的な規定の理由づけほどその規定の内容は問題ではなかった。基本法の解釈にとって、この相違は今日まで特に興味深くなっている。

　この論争の最も重要なものは、議会評議会の２人のメンバーによって示される。すなわち、社会民主党のカルロ・シュミットと、キリスト教民主党のアドルフ・ジュスターヘンである。カルロ・シュミットは、SPD によって審議の中心的存在として選任されていた。彼は、社会民主党のスターであり、上部主要委員会の議長と

して政治的にも名を成していたのであった。確かに、彼は、やがて
すぐにアデナウアーの陰に隠れてしまい、そこから出てくることは
なかった。アデナウアーは、議会評議会の議長の地位、その外へ向
かっての代表という機能が政治的には決定的に重要であることを
知っていた。しかし、基本法の内容にとって、シュミットはアデナ
ウアーよりもずっと重要であった。シュミットは、教授資格を持つ
法学者（habilitierter Jurist）として、彼の洞察を再三にわたって討論
に持ち込んでいた。彼は、むしろ彼のフランスの知識にも媒介され
て、断固たる政治的で国家に関連づけられた憲法理解を持っていた。
すなわち、彼にとって、憲法は、すべての章において、ドイツ国民
の民主的自己決定の表明であった。それ故に、憲法は、全ドイツ国
民の*自由*な決定能力を前提にしていた ── そして、シュミットは、
連合国の影響力と東ドイツ人の排除に鑑みて、（自由な決定能力と全
ドイツ人という＝井上）両方の前提に疑問を抱いていた。この理由
から、シュミットにとっては、成立する秩序を暫定的なものとして
理解することが特に重要であった。これに対して、CDU のメン
バーで、後に裁判官、法学研究者そしてヨーロッパ人権委員会のメ
ンバーとして活動するライン地方のカトリック信者であったアドル
フ・ジュスターヘンは、異なった憲法理解を持っていた。彼は、頻
繁に、議会評議会の審理においてキリスト教的自然法を援用してい
た。彼は、国家社会主義の「堕罪（Sündenfall）」の後に登場する基
本法を、普遍的で、キリスト教から導かれる正義のスタンダードを
表明する１つの秩序として理解していたのであった。

　基本法の最初の規範である人間の尊厳の意義を巡る議論において、
両者の間の相違は明らかであった。基本法は、国家社会主義の恐ろ
しい出来事に鑑みて、まさに個人の保護を非常にドラマチックな形
式で表現する根本的規範で始めることが、議会評議会の審理におい

てすぐに異論のないものになっていた。しかし、そのような信仰告白がいかに理解され得るのかという問題は残っていた。ジュスターヘンのように、議会評議会はここで1つのいずれにせよ妥当するキリスト教的自然法からの道徳的命題に単に気づくだけでよいのか、シュミットのように、その独自の民主的な形成権力から、ドイツ国民が国家社会主義に対する彼らの政治的責任を告白するような新たなものを創造した方がよいのか。言い換えてみれば、国家社会主義は道徳的問題だったのか、それとも政治的問題だったのか、ということである。シュミットもジュスターヘンも、議会評議会において共通の憲法理解に同意する必要はなかった。人間の尊厳という文言が基本法に受け入れられ、それがどのような妥当根拠を持つのかは解釈者に任せておけばよかったのである。セオドール・ホイス(Theodor Heuss) は、このことを、人間の尊厳を「解釈されないテーゼ」と特徴づけることによって定式化したのであった。

しかし、どのような解釈が適切なものとして実証されるのであろうか。それが問題である。人間の尊厳を憲法上の保障にまで高めるという考えは、常に続いている普遍性の表明ではなく、むしろ戦後期の典型的な産物である。以前の諸憲法は、人間の尊厳を、独自の基本権としては認識していない。第二次世界大戦の恐怖がはじめて議会評議会を突き動かし、人権の普遍的宣言の起草者にもそのような人権を展開するよう迫ったのであった。つまり、民主的伝統において本来的に自明のものとして妥当していたことが、今や成文法典を必要としたのであった。そのようにみてみれば、人間の尊厳についての信仰告白は、新種の、そして実際には、シュミットが受け入れていたように、特殊な政治的決定の結果であった。しかしながら、ジュスターヘンの道徳的人権理解は、更なる議論において、不平等にも成果を得るものとして証明された。人間の尊厳は、既に議会評

議会によって基本法の改正不能な箇所にまで高められ、それによって準道徳的な地位を得ていた。憲法学は人間の尊厳をカントの哲学と結びつけたが、興味深いことにそれはカントの法概念とではなく、彼の道徳哲学から受け継がれた尊厳の観念と結びつけたのであった — そして、連邦憲法裁判所は、今日まで、道徳的観念によって強化された人間の尊厳の理解に関与している。結局、基本権としての人間の尊厳保障というアイデアは、ドイツ以外でも関心をもたれている。それは、しばしば基本法によっても刺激されている多くの新しい憲法や国際条約に現れている。ジュスターヘンは、それ故に、正しかったと認められているようであるが、シュミットは、この人間の尊厳についての多くの多様な信仰告白の背後には、常に、最低限の正しい秩序という全く異なった政治的観念が隠れていないのかどうかという問題を提起するであろう（後掲第2部2参照）。

ヴァイマル共和国は、議会評議会の

議論において大抵ネガティヴな模範

ヴァイマルの伝統の取扱い

としてのみ用いられた。議会評議会の非常に多くのメンバーは、既にヴァイマル期において政治的に積極的な者たちであった。3人のメンバーは、1919年の国民会議でのヴァイマル共和国憲法起草に参加しており、11人のメンバーはライヒ議会（Reichstag）のメンバーだったし、より多くのメンバーはラント政府やラント議会で仕事をしていた。このような政治家たちは、ヴァイマル共和国の構造を非常によく知っており、ヴァイマル共和国憲法の構造上の欠陥から学ぼうとしていた。今日の視点から、ヴァイマル共和国の失敗は、最小限に見積もっても確かにヴァイマル共和国憲法の構造に原因があると考えられるだろう。

　いずれにしても、その経験から以下のことを学ぼうと試みることができた。ヴァイマル共和国憲法は、既にみたように（前掲1の

「ヴァイマル共和国と国家社会主義」参照)、議会主義に不信感を持っている国民に、国民投票とライヒ大統領の直接選挙といった民主的正当性の別の形式をも許す1つの秩序を提供するという、ヒューゴ・プロイスによって強く認識されていた必要性から生まれたものであった。この正当性のシステムは、しかしながら、ヴァイマル共和国の進展の中で制度的な矛盾に陥った。ライヒ大統領は、ライヒの議院内閣制の敵対者になった。それに対して、基本法は、異なる政治的文脈において、国家権力の例外のないあらゆる形式が何らかの方法で議会を通じて仲介されるような首尾一貫した代表的秩序を樹立しようとする試みを行おうとすることができた。それは、具体的には第一に、今日そうであるように（後掲第3部4参照）、たとえそれほど弱くなっていなくても、ヴァイマル共和国と比較して国家元首を弱めることを意味した。SPD は、連邦共和国には真性の国家性が欠けていることから、まず第一に独自の国家元首を欲していなかった。国民によって直接選ばれるのではなく、連邦議会やラント議会の代表者による共通の会議によって選ばれるような広い代表職についての意見の一致があった。連邦大統領という職は、そのことから、代表民主主義および連邦民主主義のシステムに完全に組み込まれたのであった。今日、連邦大統領の直接選挙を要求する者は、このキーポイントを理解せず、議院内閣制に対する大統領の直接選挙と結びついた危険性を過小評価することになる。第二に、ヴァイマル時代の政治的エスカレーションの手段として利用された直接民主制の要素は、基本法には受容されていない。今日まで、連邦レベルでは、直接民主制のいかなる形態も存在しない。

　第三に、実際上最も重要な問題は、安定した政府の形成を保障する点にある。ヴァイマル共和国憲法では、常にライヒ大統領による代替的統治が自由に利用でき、さらに、ヴァイマル共和国ライヒ議

会は政治責任から逃れることができたのであった。それに対して、連邦議会は、安定的な政府形成を強いられた。それは、まず、連邦議会が個々の大臣ではなく連邦首相だけから信任を剥奪することができ、それ故に政府の維持・存立を政府の首長の事項にとどめることによってうまく成功した。さらに重要なのがいわゆる「建設的不信任投票（konstruktives Misstrauensvotum）」である。連邦議会は、連邦首相から単なる破壊的な形で信任を剥奪することは許されず、それに加えてむしろ、「建設的に」新たな連邦首相を選任しなければならない。連邦議会の解散も困難になった。首相が連邦議会で信任の問題に失敗した時、首相は連邦大統領に提案し、連邦大統領が自らの判断で連邦議会を解散することができる。三つの機関すべてが共通してそれに賛成の決定をした場合にのみ、議会は解散になる。これらすべてのメカニズムは、ドイツ連邦議会が1つの政府を形成する権限を持ち、そのことによってその政治的責任を引き受けるということを保障すると考えられている。今日、我々は、このような予防措置が政党システムの断片化に鑑みてその限界に達していると確かに考えている。諸政党が議会で議席を獲得すればそれだけ、そして諸政党が協力して統治しようとしなければそれだけ、議会多数派の形成はますますありそうになくなってくる。少数派の政府が発生するようになっているのである。

　ヴァイマル共和国の失敗は、議会評議会のメンバーに更なる規制を促した。そのために、基本法は、議会制民主主義のための政党の積極的な役割を明示的に評価している（後掲第2部2の「政党が国民の政治的意思形成に貢献する」参照）。しばしば我々は、あたかも遅れたことが問題ではあるかのように、政党が「はじめて」ドイツの憲法に受容されたと考える。実際に、第二次世界大戦後の民主的憲法での政党の言及は異例のことではある。フランスあるいはアメリ

カ合衆国のような古い民主的憲法秩序は、それについて憲法テキストで言葉として言及することなしに、（ドイツとは＝井上）別の、政治秩序が機能することにいずれにせよ意味を持つ政党システムを持っていた。1949年の基本法に政党条項を導入することは、ドイツの歴史を背景にして十分理解できるし、他の憲法典にとっても模範となっていた。同時に、その導入は、基本法にとって典型的な憲法理解の諸要素の指示を提供する。政党と共に、実際に憲法上それが規制され得るのか否かが明らかではない政治プロセスの社会的諸前提が憲法に受容されているのである。政党システムは、市民の政治的関与につながっている。それに対して、基本法上の言及には、政党システムの国家化の一部が存している。古典的には、政党は、本来的に基本権の保障、すなわち、意見の自由、結社の自由、集会の自由そして平等原則によってのみ触れられるものであった。

　たとえヴァイマル共和国がその憲法の構造上の瑕疵で座礁したのではなかったとしても、議会評議会にしてみれば、基本法には政治的過激派に対する民主的な自己防衛のよりよい手段を備え付けつけることが必要だと思われた。その際に、いわゆる授権法（Ermächtigungsgesetz）でのヴァイマルから国家社会主義への移行が特に重要であった。というのも、その法律によって、ライヒ議会は、政府に有利になるよう自らの立法権を放棄したからであった。その移行の不確かな合法性や行政への無制約の授権は、繰り返してはならない。今日、我々は、ヴァイマル共和国において、秩序を防衛するための法的手段を欠いてはおらず、むしろ一般的に、あるいは一様に右派や左派に対してその手段を導入しようとする政治的意思を欠いていたということを法史の研究から確かに知っている。議会評議会は、このことをまだ違うように考え、「戦う民主主義（wehrhafte Demokratie）」という理念によって基本法により強い制度

的な免責システムを提供しようと試みた。特に、連邦憲法裁判所は、憲法機関の申立てに基づいて憲法敵対的な政党を禁止する権限を得た。政党および教授という2つの制度だけは、基本法によって明示的に憲法に義務づけられている。

　ヴァイマル共和国からの決定的な教えは、最後に、国家権力の法への例外なき拘束であり続けた。それは、前例のない強い憲法裁判を制度化することによって、遺漏のない権利保護の保障によって、憲法改正の絶対的な限界の定義によって、そして、すべての国家権力が明示的に服することになる詳細な基本権カタログの精密な定式化によってである。憲法上、法治国家的なドイツの伝統をもうひとまわり上回ったこれらすべての成果が、ヴァイマル共和国憲法の運命から基本法を守ると考えられたのであった。

◈ 4　基本法の正当性

　基本法は民主的に正当化されるのだろうか。その成立を考えれば、その点の疑問が出てくるかもしれない。結局のところ、基本法の成立プロセスは、幾重にも仲介され、連合国によっても影響された事象であった。本来的に問題とされるアクター、すなわちドイツ国民は、そこに参加していなかった ── そもそも最初はラント議会を通して仲介され、あるいは後になって初めての連邦議会選挙への参加によってしか関与できなかった。それに対して、より詳細に眺めてみれば、連合国は、議会評議会に、特に強い連邦構造を目指すよう促していたのであった。ただ、連合国の代表者たちは、必ずしもお互いに意見が一致していたわけではなかったし、議会評議会に自由に影響力を行使できると感じていたわけでもない。1948年から

1949 年にかけての冷戦の激化は、西側の連合国に、西ドイツの国家建設を可能にするよう促していた。連合国政府には、この圧力が、ドイツにいる、その政府の下にある軍事総督よりもはっきりと感じられていた。そのために、連合国政府は、結局、議会評議会のメンバーが驚くぐらいにも、期待される以上に妥協する用意があると実証された。それ故に、基本法は、ドイツにいる連合国の代表者たちが欲していた以上に、明らかに中央集権的になった。したがって、たとえ議会評議会のメンバーがその独自の交渉上の地位の強さを通常過小評価しているようであったとしても、基本法においては、連合国の命令については語ることができない。結局のところ、基本法は、議会評議会の産物なのである。

　基本法の始原的正当性に関するいら立ちは、それに加えて、憲法制定のプロセスにとって非典型的ではない。憲法史において、民主的憲法の成立がそれ以前にまさに民主的に行われたといった例はほとんど見当たらない。理想的な憲法制定の夢は、1 枚の有名な絵画において不滅のものとなっていた。その絵画とは、ジャック＝ルイ・ダヴィッド（Jacques-Louis David）の「球戯場の誓い」であり、そこには 1789 年 6 月 20 日にフランス三部会の代表者たちが民主的な憲法制定国民議会を宣言し、憲法の制定を約束したことが描かれている。しかし、この理想は、民主的な国家の歴史において非常にまれにしか実現していない。基本法が前文での革命理論家のシェイエス（Sieyès）の定式と結びつけて語っているドイツ国民の憲法制定権力は、常に、それが呼び起こされる瞬間に初めて成立する。単純法律の決定にとってとは異なり、憲法の成立にとっては、その遵守が憲法の妥当性要求を正当化するように定義づけられた通常の作業は存在しない。逆説的ではあるが、憲法は、自己決定のメカニズムを創設している。そのメカニズムは、その場合、その独自の正当

性や民主的な国民を語り得るものになる。基本法は、ラント議会の裁可によるとするその独自の規定に従って発効した。国家全体の国民を構成することなしに再統一する可能性を嫌にならないようにするために、国民投票は回避された。そのために、基本法の発効によって初めて、連邦国民が創造された。憲法は、まさしく法命題であるだけではなく、政治的な建国の文書でもある。憲法が民主的な実務において一般的に受容されるのであれば、憲法は、その民主的正当性を否認され得ない。このことは、憲法制定に際しての諸ラントの民主的アイデンティティーが尊重された新たな秩序の連邦的構造に目を向ければそれだけ、妥当なものといえる。

　それにもかかわらず、まさに戦後期において「誕生の汚点（Geburtsmakel）」が語られた。ここではしかし、「暫定的措置」として基本法を語る場合に類似することが妥当する。そのように語る際には、基本法の適切な記述よりも批判者の側での欠けている政治的経験や民主的制度の不足している比較される知識の表現が認識され得るのである。相当数の国法学者は、フランスでの憲法制定国民議会の召集という民主的な理想的事例を、1871年のフランスに勝利した戦争の後の第二帝国建国ほどには志向していなかったという憲法制定を夢みていた。それに対して、ヴァイマル共和国のドイツでの初めての民主化は、基本法と同じように、敗北から生まれていたし、第一次世界大戦後もドイツは戦勝国の特別の国際法上の支配下にあった。このすべてのことは、ドイツにおける民主的伝統の脆弱さを強調するし、国家社会主義のために関与した相当部分の人口の基本法に対するアンビバレントな感情を示すことになる。しかし、基本法の民主的正当性にとって、この疑問はさして問題ではない。その正当性は、民主的な自己決定の実務から、特に基本法の発効によってはじめて可能となった1949年の連邦議会選挙において結論

として生じていた。ドイツの国家権力を承認しない極右運動（「帝国臣民運動（Reichsbürger Bewegung)」）が強まっていることは、そのような異議が活発化する前に、いかにそれが長期間 1 つの秩序においてくすぶり得るのかを示している。

◇第2部◇ テキストとしての基本法

　憲法のテキストを読むことは、骨が折れ、期待外れになることがある。それは、法テキストほど、詩文の中に様々な、そして矛盾しあうことにもなる意味の可能性を提供するような叙情詩の向こう側にあるテキストの種類（Textsorte）が存在していないために骨が折れる。法テキストがうまく作られていたならば ── そして、基本法はその始原的バージョンでうまく作られた法テキストであったが ── あらゆる単語が頼りになるだろう。それ故に、たとえ基本法のように短いものであっても、法テキストは、一片たりとも読み飛ばすことができない。その内容は非常に濃密で、圧倒するようなものになっている。しかし、それを読むことは、期待外れになる可能性もある。というのも、一般的に憲法は、そして具体的に基本法は、すぐには果たされないと思われる約束事を提供しているからである。「人間の尊厳は不可侵である」、「すべての国家権力は国民に由来する」、これらの命題は、ドイツ連邦共和国における政治的諸関係を眺めてもつじつまがあっているといえるだろうか。

　基本法を読む際の苦労や落胆は、テキストの構造や約束事の意味を解明することで和らげることができる。それ故に、この第2部では、テキストを手に取り、その頁をめくり、若干腰を落ちつけている読者の視点から基本法に近づいていこうと思う。基本法の体系的構造を簡単に眺めてみることによって、基本法のいくつかの意味ある叙述をより正確に読み、それを理解しようと思う。その場合、基

本法のサンプルを用意しておくことが、読者にとって適切になろう。

1 基本法の構造

構成 　基本法は、始原的には —— あまりエレガントではないが —— 11 の章で構成され、後に 2 つの章（第 8a 章および第 10a 章）が追加された。この構成は、確かにテキストの完全によいといえるような構造の印象を与えない。決定的な章分けは、むしろ第 1 章と第 2 章の間にある。第 1 章は、基本法のほとんどすべての基本権を含んでいる。これは、さらに詳細にみるように、市民に与えられ、国家を義務づける権利になる。この章は、明らかに憲法全体にとって特別の規範となる人間の尊厳で始まる。他の基本権がこれに続く。それに対して、146 条という終わりまでの基本法の後続の各章に登場する規範のほぼすべてが、基本権ではなく、ドイツ連邦共和国の国家権力の構造を規律する組織規範を提示することになる。したがって、最初の体系的区分は、一方で市民の権利と、他方で国家組織のための規律との間で分割しているのである。

　第 2 章から始まる組織法の諸規範は、典型的には基本法にとって、後に他の諸憲法にとって模範的になるのであるが、基本法の基本的諸原理を列挙する規範で始まる。基本法 20 条 1 項は、民主制、連邦国家、社会国家そして共和制を挙げる。法治国家は挙げられていないが、意図されてもいたし、最低限、法律による拘束のようなその若干の要素は基本法 20 条で語られている。古典的には、憲法のテキストは、立法手続の内容形成のような特別のルールに限定し、諸原理の規範化を放棄していた。基本法においてとは異なり、例えばアメリカ合衆国憲法において民主制原理を探すのは無益なことと

なる。

　組織部分の続く各章は、再び二つの体系に従って整序されている。第一に、基本法は、連邦の諸機関を列挙し、その権限を定義する。すなわち、連邦議会、連邦参議院、連邦政府そして連邦大統領である（第3章から第6章）。その後、三権、つまり立法権、行政権すなわち法律の執行、司法権すなわち裁判に応じて整序される三つの章（第7章から第9章）が続く。この体系によって、関連する規範を見つけることは必ずしも簡単になっていない。というのも、二つの秩序基準が区別され得るからである。どこを探さなければならないかを知らなければならない。法律が連邦議会での得票の多数によって決定され得るとのルールは、立法についての章においてのように連邦議会という立法機関に適切に存在し得る —— そして、国際法上の条約についての連邦議会の投票がよりによって連邦大統領の章に存在しているということは、ほとんど納得がいかないことになる。それにもかかわらず、この概念的枠組みは、最初の手掛かりを提供するし、基本法の最も重要な諸規定を相対的にうまくとらえている。その後の三つの章（第10章、第10a章、第11章）は、財政制度、緊急事態、経過規定になる。結局、基本法の始まりと終わりが最後の体系的助けを提供する。人間の尊厳保障のまだ前に、前文が憲法に導入され、誰が規範的に基本法の作者として理解され得るのかを明らかにする。そこでは、「ドイツ国民が、その憲法制定権力に基づき」基本法を制定したことが示される。最後、基本法の最終条項である146条において、基本法が、その独自の廃止あるいは更なる発展の方法を示している。

本質的諸規定　その2つの主要部分において、基本法は、既にみたように、第一に個人に一定の自由権を保障し（1条から19条で）、第二に基本法によって創設される国家、すなわち

ドイツ連邦共和国を一定の水準に義務づける（20 条から 146 条まで）ことによって、自由な秩序を創設している。最初の部分は私的な自由を保護し、第二の部分は国家の義務を創設している。これらを区別することは、たとえ個々的に境界画定が常に問題とされるにしても（後掲第 5 部 3 参照）、近代のリベラルな諸憲法にとって本質的なものになる。宗教団体は宗教の自由あるいは結社の自由を援用することができるというのが、スタートのための単純な例になる。宗教団体は民主的に組織化される必要はないが、国家の官庁は民主的に正当化されなければならず、その任務遂行に際しては基本権を援用することができないということである。

　それ故に、基本法の決定的な規範的基軸が基本権の部分の最後の規範と組織部分の最初の規範の間に流れていることも偶然ではない。基本法 19 条 4 項 1 文は「何人も、公権力によって自己の権利に介入されたときは、裁判で争う道が開かれている」と規定する。これは、権利へのあらゆる介入を裁判上のコントロールの下に置くという全く革命的な決定である。したがって、他方で、それに続く基本法 20 条 2 項 1 文が確認するように、すべての国家権力が国民に由来しなければならないということになる。基本法は、全く意識的に、例外なき秩序を創設する。他の民主的な立憲国家において、例えばテロとの闘争のために権利保護の例外を規定しておくことは全く普通のことになる。基本法において、これは、たとえ基本法がそうこうするうちに例外を許した（後掲第 3 部 4 の「二重の自由喪失：基本権の削減と国家目標」参照）としても、立法者には禁止されている。基本法 19 条 4 項は、裁判上のコントロールの保障によって、基本権の個所に制度的な牙を提供する。そして、それに続く基本法 20 条は、組織の部分の最初の規範として、決定的な組織法上の諸原理、すなわち民主制、法治国家性、連邦国家性、社会国家性そして君主

制の再導入を否定する実際上はほとんど意味を持たない共和制の原
理を厳密に語ることになる。

　ハンナ・アーレント（Hannah Arendt）によって用いられた区別に
より、我々は、基本法の支配を根拠づける（herrschaftsbegründend）
部分と支配を制限する（herrschaftsbegrenzend）部分とについて語
ることができる。基本権の部分は、本質的に支配の制限を含んでい
る。組織の部分は、特に民主制原理や民主的プロセスのための規律
は、まずドイツ連邦共和国の支配の結合体を根拠づける。しかし、
組織の部分も、法治国家原理のように、支配を制限する要素を含む
ことになる。

　基本権を理解し得るためには、この両方の部分の連環を認識して
おかなければならない。ほとんどすべての基本権の保障は、民主的
な法律のいわゆる留保の下にある。そのために、例えば基本法2条
2項3文のような規制が意図されている。その規制は、身体の移動の
自由のような一定の個人的自由権を保障した後に、「これらの権利は、
法律の根拠に基づいてのみ介入することが許される」と確認するも
のである。それ故に、人格の自由な発展の保障は、―― たいていの
基本権と同じように ―― 絶対的な効果を持つわけではない。国家は、
身体の移動の自由に介入することを、基本権によって完全に禁じら
れているわけではない。しかし、国家は、その介入を行う場合、比
例性の遵守（後掲第3部4の「永続的基本権革命の始まり」参照）と
共に、議会による立法によって行わなければならない。これは、一
見するとがっかりさせられる。多くの読者は、国家が基本権を制限
する限り、それは基本法に違反していると考える。しかし、そのよ
うに考えることは、この絶対性において決して望ましいことではな
い。自由の遂行は、他者の自由とも常に関連する。民主的な共同体
は、自由権の射程が一定の限界までであることに見解の一致がなけ

ればならない。立法者が規制を行わなければならないことによって、
介入が民主的正当性を享受することは保障される。そのために、支
配を根拠づけることと制限することは、密接に関連することになる。
　議会による法律の既に基本権の部分で強調した役割は、基本法の
2 つの最も重要な組織原理を同時に表現する。その原理は、基本法
20 条で保障されている民主制と法治国家性である。民主制原理は、
基本法上、後に詳細に取り扱うことになる（後掲 2 の「すべての国
家権力は国民に由来する」参照）が、20 条 2 項 1 文での「すべての
国家権力は国民に由来する」との素晴らしい命題によって埋め込ま
れている。しかし、連邦議会によって決定された議会法律は、民主
的自己決定の表明であるだけではなく、1 つの法形式を提供するも
のでもある。法律は、法律広報で公表されなければならず、その遵
守は裁判所によって審査され得る。両方の特性は、法治国家原理の
要請に対応している。その原理は、国家の行為において、市民がそ
の遵守を信頼し得る法の形式を尊重するよう国家に義務づける。民
主的決定が一定程度の明確性と予見可能性を持っている場合にのみ、
市民は、根拠のない制裁の虞なしに自己の権利を遂行することがで
きる。このことも法治国家原理は保障している。
　法律は、たいていの場合、連邦政府のイニシアティヴででではある
が、連邦議会によって決定される。連邦議会は、連邦首相を選任し
（基本法 63 条）、連邦首相は、その大臣を選んで連邦大統領に任命を
提案する（基本法 64 条）。連邦政府は、ドイツ連邦議会の多数派の
政治的信任を必要とする（後掲第 3 部 4 の「より多くを民主制に賭け
る―それとも憲法裁判に」参照）。そのことによって、基本法は、議
会と政府がお互いに政治的なライバル関係に立たず、連邦議会の多
数派が連邦政府と政治的に協働するような議院内閣制のシステムを
規範化している。議院内閣制において、権力分立の決定的な境界は、

連邦議会と連邦政府との間からは消え、むしろ政府与党と、質問および調査委員会によって政府を統制し得る野党との間に引かれることになる。

　同時に、基本法は、連邦国家としての秩序を創り出しており、そこでは連邦も諸ラントも同じ民主的で法治国家的な諸原則に従って構築されなければならないとされている（基本法 28 条 1 項）。連邦も諸ラントも同じように国家であり、それらは三つの国家権力と独自の民主的意思形成プロセスを自由に使う。諸ラントは、同時に、市町村や郡が独自の決定プロセスを持ち、民主的に正当化されていることを保障しなければならない（基本法 28 条 2 項）。諸ラントを創設した基本法（前掲第 1 部 2 参照）は、それらに、基本法上明示的に連邦に割り当てていないすべての権限を諸ラントに与える（基本法 30 条、70 条そして 83 条）。憲法テキストの多くの部分は、連邦の諸権限を列挙している —— そして、それは立法、法律の執行そして司法の権限について三権に従って整序されている。結果的に、連邦は大抵の立法権限を持ち（後掲第 3 部 4 の「目標なき連邦主義」参照）、諸ラントは大抵の執行権限を持つ。したがって、通常の場合、連邦は、諸ラントが執行する法律を制定する。同時に、諸ラントは、多くの場合、連邦参議院を通して立法に関与し、ラントの事柄に触れるような場合には共同決定することになる。最後に、基本法は連邦憲法裁判所を創設し、それは基本法上のルールの遵守を独立して審査することができる（基本法 93 条）。

◆ 2　基本法の中心的規範を読む

　基本法と付き合うための感覚を得るために、我々は、以下におい

て若干のその重要な叙述を詳細に考察しようと思う。そのように読むことは、確かに、基本法についての真性のコンメンタールほど、憲法への体系的な導入を補完することはできない —— しかし、それは、憲法を法学的に読むことがいかに機能するのか、そして、それがいかなる限界にぶつかるのかについての印象を提供してくれるだろう。

「人間の尊厳は不可侵である。それを尊重し、かつ、保護することは、すべての国家権力の義務である」

基本法は、人間の尊厳の保障によって、そしてそのことで、国家社会主義とは決別した秩序についての告白から始めている。これは、既にみたように、たとえこの保障の意味がキリスト教に刺激された憲法理解と、民主的なそれとの間で議論が一致していなかった（前掲第 1 部 3 の「二種類の憲法理解：人間の尊厳という例」参照）としても、結果的に議会評議会の審議において明らかであった。カルロ・シュミットとアドルフ・ジュスターヘンはその根拠づけについて争っているが、彼らは人間の尊厳の意味については意見の一致があった。人間の尊厳はおそらく積極的に定義づけられなかったが、いつそれに対する違反が発生するかについては認識できた。全体主義の経験は、人間の尊厳や長期にわたるその後の議論に、これについての驚くべき確実性を提供した。哲学者のテオドール・W・アドルノ（Theodor W. Adorno）は、それを違って考えていた。彼が 1948 年の国連の世界人権宣言にその保障を読んだとき、彼は、ジェノサイドという「言うに堪えない出来事（das Unsagbare）」を法的定式によって「同一尺度で測れる」ものにしようとする試みにいら立ったのであった。

哲学者のこの懐疑は、基本法の 70 年によって、正しかったと証明された。真の問題が欠けていながら、例えばピープショーや他の性的催しのような人間の尊厳とほとんど関係しないような事柄も、

この人間の尊厳の概念の下でとらえることを裁判所に行わせたことから、法学的な意味についてのコンセンサスは、即座に、そして根本的に砕け散ってしまった。拷問の禁止についてさえも、憲法学者は、2008年にこの議論で連邦憲法裁判所長官の職の候補者が躓いたように、今日もはや見解の一致を見ることができない。

　社会的問題 ── 幹細胞研究からテロとの闘争のための旅客機の撃墜まで ── が人間の尊厳によって今日解決されるべきだとすればそれだけ、その意義についてのコンセンサスはますます失われていく。今日、すべての基本権の解釈が人間の尊厳の解釈ほど争われていないということは、誇張なしで確認できる。ある者が拷問を受けるおそれのある国に追放されてもよいのか否かという問題についての政治的な論争が今日噴出するならば、規範の解釈がほとんど自明ではないということが新たに示される。人間の尊厳は、基本法のそれに続くすべての規範の基盤としての役割を持つというその任務を果たすことができない。基本的問題についての政治的コンセンサスによって、憲法的に標準化されることはないのである。

　人間の尊厳の意味をめぐる争いは、先に引用した文言においてさらに具体的に例証される。人間の尊厳を「尊重する」ことが問題なのか、それを「保護する」ことが問題なのかである。尊重と結びつくのは、人間を一定の種類・方法で取り扱うことを禁止された国家である。しかし保護は、人間にふさわしくない取扱いをすることを他者にも禁止する国家の行為を想起させる。保護の要請から、警察が人間に、例えば拷問することによって、他者を人間にふさわしくないような状況から救済するという供述をするよう強制してもよい ── あるいはそうしなければならない ── ということが導かれるかもしれない。この解釈は疑問の余地があるように思える。というのも、その規範の意味が、人間の尊厳を軽視する者と国家は協働して

いないという点にあるからである。規範的秩序にとって、常に何ら
かの方法で、1つの目標をあらゆる状況の下で追求することは重要
ではない。ここでは、目的から手段を帰結することはまさに排除さ
れるべきである。しかしそのことによって、「尊重」と「保護」と
いう文言に固定された議論に既に陥っているのである。

　我々は、尊厳ということから何を想起するのか。その場合、狭い
定義だけが再び解釈の共通の土台を見出すのに役立ち得るというこ
とは明らかである。人間の尊厳の道徳的重要性をまさに懸念なく利
用する政党や団体、教会によるインフレを引き起こすような使用は、
その意味の危機に貢献した（後掲結語参照）。したがって、人間の尊
厳はまずもう一度人間を動物とは区別するものにあるということを
思い出さなければならない。すなわち、それは生命ではなく、人間
の持つ理性にあるということである。

「すべての人間は、法律の前に平等である」 すべての人間は「法律
の前に」平等である。
これは、すべての人間が異なっているという点において基本法によ
り承認されているということをまず意味する。このことは、リベラ
ルな秩序の必要な部分である。しかし、法律の適用は、人間の間を
区別してはならない。すなわち、すべての人間は1人ひとり差別さ
れてはならないのである。特に、それに続く項で挙げられている例
えば人種や性という基準は、ある人物を他者と異なって取り扱う原
因になってはならない。基本法3条1項の引用した定式は、ヴァイ
マル共和国憲法の文言に一致するものであるが、第一に行政や裁判
所に向けられているようにみえる。というのも、この2つの権力は
法律を適用するからである。確かに、すべての国家権力が基本権に
拘束されていることから、立法者も平等原則を義務づけられている
ということが導かれる。遅くともここで問題が始まる。すべての者

によってすべての者のために制定された民主的な法律がいかにして平等原則に違反するのか。一定の区別を行うことによってか。法律は、区別を行わなければならない。法律は、年齢制限を定め、一定の集団に他の集団よりも好意的になる期間や控除額を定める。そのような区別は、それ自体、平等原則に違反するわけではない。さもなければ、あらゆる民主的内容形成が排除されてしまうであろう。連邦憲法裁判所は、このような理由から様々に変化した恣意定式で切り抜けてきた。法律は、それが恣意的に等しいものを不平等に、あるいは不平等なものを恣意的に等しく取り扱う場合に、平等原則に違反するとされた。そのような定式は、まず裁判所の抑制を要請した。立法的な区別について跡付けることができる理由を見出せないような事例にとって、平等原則は、ある種の非常ブレーキとして機能する。類似する種類・方法において、連邦憲法裁判所は、法律が跡付け可能でないような方法で解釈されている場合、裁判所に対しても平等原則を適用する。

　平等は、確かに、正義についての異なった言葉でもある。平等原則に —— それは基本権の章の最も把握不能な規定でもあるのだが —— 首尾一貫した意味を付与することは、それに対応して困難である。憲法が平等原則を上位原理へと改築するならば、民主的立法者は、より詳細な分析に際して循環論法のように作用する、比較的風通しのいい構造によって制限される。当然一般的な人気を享受する税法についての判例は、ここで視覚教材を提供する。連邦憲法裁判所が下級審裁判所の判断を恣意の禁止の名において破棄する場合、それは、その効果が全法秩序にとって、必ずしも同じような幸福をもたらすことにはならい個別事例の判断という甘い毒に手を伸ばすことになる。

　個々人は、税の破棄について喜ぶだろうが、民主的な共同体に

とって、裁判所が期待するようなある程度の意見の一致で政治的な妥協決定を根拠づけることは必ずしも可能ではない。

　現代的な論争において、平等原則は、性の自己表現の問題においても重要な役割を果たす。確かに、同性愛者や性転換者の解放は憲法的手続を通じてのみ機能するわけではない。平等権や人格権の援用は、立法者をも動かし得る政治的な説得力を持っているのである。

「何人も、言語、文書および図画によって自由に自己の意見を表明し、流布する権利を有する」

基本法は、基本権の序列づけ── 特別に保護されている人間の尊厳を除いて（後掲第 2 部 3 参照）── を行っていない。それにもかかわらず、若干の基本権が個人の自由を保護するだけではなく、全体としての秩序にとっても意味を持つことは明らかである。例えば、それは意見の自由の場合であり、それなしでは民主的秩序は存在し得ない。鋭く定式化すれば、善良な秩序にはすべて選挙がある。実際に民主的な選挙が問題になるか否かは、反対派の要求が掲げられているポスターを持って首都のマーケット広場にいることが試みられるような場合、容易に認識される。これが可能なところでは意見の自由が支配し、そこでは開かれた公正な民主的選挙での十分な機会も存在することになる。

　連邦憲法裁判所は、この意味を早くから認識しており、リュート判決（後掲第 3 部 4 の「永続的基本権革命の始まり」参照）で、意見の自由の保護が民主制にとって「全く根本的」であることを確認した。これは、意見の自由が制限できないことを意味するのではなく、その制約には法律の根拠ならびに制約を正当化するための特に重要な利益が必要であることを意味する。国家が意見の自由を自己の利益から制約する事例は稀である。最も意義深いことは、国家社会主義の残忍な行為を「否認したり是認したり、あるいは過小評価する」ことを刑罰によって禁止することである。ホロコーストが歴史

的事実であることから、それを否認する場合、なぜ「意見」の保護が一般的に問題になるのかが問われ得る。しかし、意見と事実がまさに政治的議論においてしばしば互いに入れ替わることがあるので、意見の自由は、当然、事実の叙述もその評価も含む表現を保護する。特定の意見 —— 例えばユダヤ人絶滅をまっとうするような見解 —— の禁止は、通常の場合、意見の自由への許されない介入になろう。刑法において今ある規制が許されるか否かは、たとえ連邦憲法裁判所がその規制を本質的に是認したとしても、疑わしいように思える。ドイツの歴史というこの特別な場合の指摘を超えたあらゆる正当化は、意見の自由に問題を提起し得ることになったのであった。

意見の自由は、実際に、私人による場合ほど国家行為によって脅かされていないようである。他の保護されたコミュニケーション形式同様、多くの意見表明は、人格権に関連し得る。例えば浜辺での有名人の写真から小説でのある人物の再認識可能になる叙述に至るまでである。意見の自由は、基本法上、「個人的名誉権」によっても制約される。名誉や人格権が非常に寛容に定義づけられるならば、そしてとくに政治家のように本来的に大衆に知れ渡っている有名人がこの権利を援用するならば、コミュニケーションの自由は、その有効性を失うことになってしまう。

「所有権および相続権は保障される。その内容および制約は法律によって規定される。所有権は義務を伴う。その行使は、同時に公共の福祉に奉仕しなければならない」

所有権の保障は、基本権の章の最も厄介な規範に属する。ここで、基本法は、一方で与えたものを他方で奪うということを行っいるようにみえる。基本法は、所有権を保障しながら、それに社会的義務を課している。この規範を理解するためには、まず1つのことを明らかにしなければならない。すなわち、国家の法秩序がなければ私的な所有権 ——

郊外の自宅や自家用車 ── は存在しないということである。立法者
は、所有権を制限するだけではなく、まず所有権が存在するという
ことを保障する。というのも、国家の法秩序が存在しなければ、所
有物を相続し得るとする規定は存在せず、また、例えば土地台帳に
所有物を一義的に分類することもなく、自己の所有物を使用し、保
護することを求める国家的に執行可能な請求権も存在しないことに
なる。それ故に、私的所有の初めに、土地に対する土地所有者が単
純に存在するのではなく、自己の対象物を自由に使用することをす
べての者に認める法秩序が存在するのである。この法秩序は、ドイ
ツ法では民法典で示される。民法典は 1900 年に施行され、他の所
有権規制を引き継いだ。私的所有権の規制は、それ故に基本法より
もかなり古い。基本法は、私的所有権を予め見出していたし、物の
自由な使用権という制度をさらに法秩序で保持することを義務づけ
られていた。しかし、国家が所有権をはじめて制度化したのであれ
ば、それは、初めから制限されていた。所有権は、例えば、他者の
所有権という限界にぶち当たっている。民法典は次のことを定式化
している。「物の所有者は、法律あるいは第三者の権利と対立しな
い限り、好きなようにその物を取り扱うことができ、他者からのあ
らゆる影響を排除することができる」。

　憲法学者にとって、どのような場合、立法者が所有権の内容形成
をしているだけなのか、どのような場合、立法者が基本法 14 条 3
項の狭い要件の下でのみ許される収用となるような所有権に介入す
るのかを区別することは難しい。立法者が介入しているならば、立
法者は、連邦憲法裁判所がその初期に展開した比例性という一般的
ルールを尊重しなければならない（後掲第 3 部 4 の「永続的基本権革
命の始まり」参照）。所有権への介入だけではなく、例えばアウト
バーンがその土地に建設されるために所有者からそれを完全に取り

上げてしまうような場合、所有者は、この収容に対して補償を受け取らなければならない。

所有者には形式的に現状のままを認め、それ故に彼から収容することにはならないが、彼にはそれを使う可能性を認めないような財産権への介入をいかに扱うのかは、憲法の重大な問題に属する。文化財保護の下にある家屋、あるいは水保護の領域での砂利採取場などは、しばしば売ることや他に使うことができないような対象になる。そのような介入が憲法違反あるいは少なくとも補償を必要とするものになるのか否か、もしそうなるとすれば、どのような場合にそうなるのかということは、争いのある問題であり続けている。

「すべての国家権力は国民に由来する」　基本法20条2項1文において、基本法の最も印象深い命題が問題になる —— すなわち、荘厳な信条告白だけではなく、真性の規範が問題になるのである。真正の規範は、法学者の用語では、要件と法的効果を持っている。それは、条件関係になっているのである。例えば、ある者が殺人を行ったならば（要件）、その者は終身自由刑で処罰される（法的効果）、というようにである。たとえ一見してそう見えなくても、我々の規範はその構造になっている。定式を変えてみれば、国家が行動するならば（要件）、その行為は国民に由来しなければならない。両方の要素の意味は、それ自体から分かるわけではない。多くの場合、国家が市民に対して拘束力ある効果を伴った一方的決定をする場合は常に、例えば警察がある人物を拘束する、あるいは税務署が納税通知書を送付するなどの場合、国家が行動していることは明らかである。しかし、限界事例も存在する。例えば、株式会社であるドイツ鉄道による運賃の値上げの場合、国家権力の行使は問題になるのだろうか。鉄道は、形式上、私的な株式会社であるが、目下のところ、実際にはこの企業は

ドイツ連邦共和国に属している。「経済連合会（Wirtschaftsweisen）」あるいは「ドイツ倫理委員会（Deutsche Ethikrat）」は国家権力を行使しているのだろうか。それらが連邦政府の政策に大きな影響力を持っているとしても、それらが実際の政策決定を行っているわけではない。

　この問題を明らかにするには、法的効果についての問いが提起される。すべての国家権力が「国民に由来」しなければならないということは何を意味するのだろうか。連邦が行っていることのすべてについて、それらはいかに民主的決定が下されているのかということにも依存しなければならないということができるだろう。言い換えれば、新たな多数派を生み出す新たな連邦議会の選挙にもかかわらず以前と同じように存続し続けるものは、国家機関の一部ではない、ということである。民主的な意思形成の転用は、通常、2種類の道筋で行われる。その1つは、行政や裁判所の行為の実体的基準を定義する民主的な法律によってである。もう1つは、人物の責任性であり、その人物の任命は、彼らの側からみれば民主的に責任ある人物、主に議会に責任を負う大臣によって行われなければない。民主的な正当性のこのモデルにおいて、民主的正当性の両方の、すなわち実体的そして人的紐帯が議会、つまり連邦議会へとつながっていくのである。

　正当性のこの観念が十分であるか否かは、憲法の議論の一致していない問いに属する。少なくとも2つの問題が語られることになる。第一は、誰が国民に属しているのかという問いに関連する。国民とは、支配的見解によると、ドイツ連邦共和国の国籍を有している人物になる。しかし、それによって、長期にわたり国家の同意によってドイツで生活し、ドイツの国家権力に服しているだけの人物は、民主的共同決定から排除されることになる。少なくとも地方の選挙

については、EU市民を現在参入させていることを超えるような柔軟さを考えることができるだろう。第二の問題は、上述の民主的モデルの有効性に関連する。それは、実務において必ずしも再び現れることがないようなあらゆる個別的で些細な行為に至るまでの国家行為の議会による、あるいは大臣によるコントロールという形式を想定している。したがって、正当性のこの形式が実際上民主的に十分なのか否か — あるいは、市民に対する国家の行為を正当化するためには、正当性の他の補完的形式が必要ではないのか否かが問われ得ることになろう。

「政党は、国民の政治的意思形成に協力する」　第二帝国そしてヴァイマル共和国において、政党間の論争は、しばしば非愛国的で公共の福祉にとって好ましくないものとされていた。この見方を、基本法の起草者は繰り返そうとはせず、それ故に、政党には基本法の体系において非常に権威ある地位を付与した（前掲第1部3の「ヴァイマルの伝統とのかかわり」参照。基本法20条の基本規範のすぐ後の21条においてそれが行われている）。政党に言及するに際して、第一に、政党システムの成立のような社会的事象を規律し得るという、基本法にとって典型的な信頼が示される。同時に、その決定は、非常に有名な国法学者で連邦憲法裁判所の裁判官であったゲルハルト・ライプホルツ（Gerhard Leibholz）の指導の下で非常なぐらい強い役割を政党に付与した連邦憲法裁判所の判決を準備するものでもあった。国家社会主義から迫害を受けた者で、ディートリヒ・ボンヘッファー（Dietrich Bonhoeffer）の義理の兄弟であったライプホルツは、ヴァイマル共和国において既に民主的代表の実体論的観念を展開しており、連邦憲法裁判所の判例に今や「政党国家学」としてそれを組み入れることができたのであった。そこで彼は、政党に、憲法上の諸

機関と同置されるような強い手続的地位、例えば国家の財政的支援
を求める請求権のようなものを持つ機関としての地位を付与した。
基本法は、政党を —— 教会や放送局と同様に —— 私的団体として十
分リベラルには扱っていない。むしろ、基本法は、政党には、上述
の引用命題において付け足されている特別の地位を付与していた。
今日、それが正しいことだったのかどうかが問われている。政党な
しでは議会制民主主義は観念され得ないということは、多くのこと
を正当化している —— しかし、すべての考え得る委員会に政党の代
表者が出席していることや、基礎学校の校長のポストを政党が占領
することを正当化するわけではない。この批判を定式化することは
困難なままである。というのも、政党の多くの批判者は反議会主義
的なステレオタイプに逆戻りしてしまうからである。この問題につ
いて憲法上の解決策を見出すことは、やはり難しい。とにかく基本
法 33 条 2 項は、「すべてのドイツ人は、その適性、資格およびその
専門的能力に応じて、等しくいずれの公職にも就くことができる」
と確認している。しかしながら、この規範は、第一に、競争者が公
職にあるポストを裁判所で勝ち取る準備があるとすれば、実効性を
持つことになる。このことは、ますます起こる。より高次の裁判官
のポストの占拠について自体も、その結果がそのために必ずしも満
足の行くものにならないであろうとしても、しばしば裁判所は決定
を下している。問題の体系的解決策は、それを引き起こした政治的
プロセスからだけ導かれ得ることになる。

「連邦議会議員は、自由であり、自己の良心にのみ服する」	左 記 の

ように
収斂された基本法 38 条 1 項ほど誤解されている基本法の命題はほ
とんどない。ドイツ連邦議会の議員は、彼らの良心にのみ服してい
るならば、なぜ彼らは、彼らの議員団や政党の党首、報道あるいは

ロビーストの圧力に屈服しなければならないのだろうか。一般的な感覚において、例えば軍隊の導入にのみ反対するために政治的プロセスに反抗する議員は、すぐにヒーローのようになる。基本法はそのような議員にこの規範で助けを出しているのだろうか。基本法は、圧力から彼らを保護しているのであろうか。答えはノーである。

　議員にかけられている政治的圧力は、憲法上、完全に望ましいものである。結局のところ、連邦議会議員は、彼らが欲していることを単純に行うべきと考えられてはおらず、むしろ公的な意見形成という条件の下で議会の多数派支配を可能にするべきとされている。このことが政党や利益代表者による議員の永続的包囲を意味することは、基本法の起草者にも全く明らかであった。しかし、なぜ起草者はそのような規範を基本法に受け入れたのであろうか。

　その規範は、第一に公的圧力に向けられているのではなく、議員から自己の決定を取り上げるような国家の規制に向けられている。議員は、形式的な刑罰、例えば刑罰や裁判上の不利益によって、一定の決定を強制されてはならない。しかし、議員は、例えば一定の投票行為のためにもはや連邦議会議員の候補者として指名されなくなるというような政治的不利益を受けることは許されている。政党内での多数派が議員の能力を納得いくものと考えていないとすれば、政党は、誰か他の者を指名することができなければならない。さもなければ、政党は民主的に正当化されないであろう。その限りで、「良心」の指摘は、まさにカント学派的な作法での議員の孤独さを表明している。議員が、外部からの圧力に屈服するのか否かについていかなる決定を行おうとも同じである。その関連する決定は、法秩序にとって常に彼自身の決定であり続け、それに対しては彼のみが責任を負うことになる。

　国家の法秩序が議員に、彼らがいかに決定すべきかを予め決めて

いる場合にはじめて、この規範が侵害されることになる。これがい
つ起こるのかは論争のあるところである。長い間、贈収賄そのもの
は議員をそのために処罰するものではなかった。というのも、買わ
れた決定でも、議員の良心に服するものであるからである。立法者
が議員にどのぐらい働かなければならないかといった規定を設けて
はならないことは、一般に認められている。議員は労働者ではなく、
官吏でもない。長く意見の一致をみなかったのは、どの程度、議員
は、並行して誰のために働いているのか、またとりわけ、誰から付
録的な金銭を得ているのかを明らかにする義務を負わされ得るのか
についてであった。選挙人にとって、また民主的プロセスの十全性
にとって、それは重要な情報ではないが、議員にとっては、彼への
自由な委任の制限であると考え得ることになる。

「この基本法は、ドイツ国民が自
由な決断で議決した憲法が施行
された日に、その効力を失う」

基本法 146 条は基本法の最後の
条文である。それは、ドイツ国
民に、新たな憲法を制定し、そ
のことによって基本法を失効させる可能性を認める。いかにそのよ
うな基本法の破棄が基本法内部のルールとして理解されるべきかは、
思慮することが難しい。というのも、秩序の終焉はまさに革命であ
り、それは憲法での授権を必要としないだろうからである。まさに
いかなる規範にも拘束されないことによって特徴づけられている規
範が誰かに権限を付与することができるのだろうか。基本法 146 条
は、始原的にはドイツ再統一の可能性に奉仕していた。その可能性
は、基本法をその限りで暫定的制度として承認していた。ドイツ再
統一のプロセスの間、そのために制定されていた規範を再統一のた
めに適用する可能性は阻止された —— 後にみるように、それは全く
不正ではないのだが（後掲第 3 部 4 の「ドイツ再統一：もう一度基本
法の正当性について」参照）。今日、その規範は、再び適用の可能性

が探求されている。基本法の基本諸原理と一致させられないような秩序の導入についての、もっとも広範に及ぶ民主的コンセンサスが存在するような状況のみを考えることができる —— さもなければ、単純に基本法を改正すればよいだけになるであろう。この意味で登場する唯一の可能性は、異なる秩序へのドイツ連邦共和国の埋没、特にさらに進展しているヨーロッパ連邦への埋没であり、その正当性は全ヨーロッパ国民によって基礎づけられなければならないだろう。

◈ 3　基本法のテキストの修正

　時代の流れにおいて、憲法のテキストはその意味を変化させる。この変遷をどう取り扱うべきかは、憲法理論の議論のある問いに属する。憲法は、それがまさに最初に公布されたものであるかのように読むべきなのか、あるいは、憲法を理解するために、その成立の時点に身を置くべきなのか。憲法は、その始原的瞬間を文書にしているのか、それとも、永遠の修正に方向づけられているのか。この問いは、憲法テキストを形式上修正することが簡単にできるのであれば、少なくとも和らげられる。このことは、連邦議会と連邦参議院が3分の2の多数で修正を決定するのであれば、基本法にとっては実情になる。基本法は、その改正のためにその文言が修正されなければならないと規定する。それは自明のように聞こえるが実際にはそうではない。多くの憲法典 —— 例えばヴァイマル共和国憲法 —— において、法律が、テキストを修正することなく、憲法を「破る」ことができた。憲法改正にとって十分な議会の多数派は、憲法のテキストが修正されることなく、本来的に憲法に違反する法律を

制定することができた。このためにのみ、法律が憲法を無効にしたのであった。結果として、この破棄は、ヴァイマル共和国憲法のテキスト上、その痕跡を後追いすることができなかった。そのことから、現に妥当する憲法は、その憲法のテキストからもはや読み取ることができなかった。現に妥当している憲法を再構築するためには、法律広報の中に散乱しているすべての憲法を破るものがかき集められなければならなかった。同じような状態が、今もなおオーストリアにおいて支配している。

それに対して、基本法のテキスト上、少なくとも 1 つの規範以上のものを修正した今までの 62 回の改正法律が、明らかな痕跡を跡付けていた。その改正は、美的には、失うものが多かった（後掲 4 以下参照）。実際上、テキストの修正を眺めることは、些細な、しかしたとえ瞬間的なものであったとしてもドイツ連邦共和国の憲法史の礎石を提供する。我々は、それを、基本法の叙述に際して、ドイツ連邦共和国の制度的な歴史の内部でさらに追跡することになるだろう。

基本法は、そこで初めて登場し、後に他国の諸憲法や憲法裁判所にとっての模範として用いられた、その改正可能性についての広範な、非常に珍しい規制を含んでいる。基本法 79 条 3 項は、憲法改正に実体的な限界を定めているのである。連邦議会と連邦参議院でたとえ 3 分の 2 の多数があっても、人間の尊厳や基本法 20 条の諸原則、すなわち民主制、法治国家、連邦国家、社会国家あるいは共和制を改正することはできない。この規制によって、議会評議会は、1933 年のナチの政権奪取以降の数カ月でみられたような、それら諸原則の潜行的な政治的侵食を予防しようとしていた。これら諸原則に一致しない秩序は、いずれにせよもはや基本法の秩序とはなり得ないとされている。法学的実務において、しかし、この規制はほ

とんど役割を果たしていない。1968 年に郵便および通信コミュニ
ケーションの秘密への介入のために権利保護が廃止された規制、お
よび、1998 年の住居のあらゆる方向からの監視となるいわゆる「重
大な盗聴攻撃」といわれる規制という基本権の章の 2 回の改正に際
して、連邦憲法裁判所は、それらの改正が人間の尊厳および法治国
家性という限界を超えているか否かを審査した。両方の事件で、こ
の問いは結果的に否定されたし、第二の事件では、改正された基本
法の解釈に有利となるような帰結によって否定された。基本法 79
条 3 項の規制が一定の役割を果たし得る更なる領域は、ヨーロッパ
統合の場面である。基本法 79 条 3 項は、欧州統合に絶対的な憲法
上の限界を引いているのだろうか。このことは、若干の憲法学者や、
おそらく連邦憲法裁判所第二法廷によっても受け入れられている
（後掲第 3 部 4 の「基本法のヨーロッパ化」参照）が、非常に議論のあ
るところであり続けている。

　憲法学者や憲法裁判所は、基本法 79 条 3 項の規制を好んでいる。
改正可能性に対する絶対的な限界という理念は、その限界に強力な
地位を与える。例えば、ポルトガル憲法においてのような異なった
憲法のテキストにおける思想は、例えばインド最高裁判所によって
裁判上の決定の不文の基盤として引き継がれていた。1 つの憲法秩
序がその内容を決定し得ない世代に対していかに正当化されるのか
ということが懸念されるならば、この規制は、全く問題であるよう
に思える。というのも、この規範が我々を権威主義的な変革から守
ることができると信じることは難しいからである。ナチの権力奪取
のようなことが、そのような規範や憲法裁判所によって阻止される
のであろうか。我々の秩序のために戦うことは、この規範を取り除
くことになるだろうか。それにもかかわらず、この規範は、我々が
それを改正し得ないが故に、話し合うことなく後に生まれる者を

我々に拘束することになる。おそらく、我々は、今日、連邦国家性を持たず、あるいは明らかに深化する欧州統合を伴う秩序において生きていこうとしている。それに対応した、制限多数で決定される民主的決定が、憲法改正の限界という規範の名において禁止されるべきなのであろうか。

4　基本法の言語

　基本法が１つの家屋ならば、それは、美しいが軽い実用建築物のようにみえるであろう。それは、我々が今日 50 年代のドイツの建築様式のより良い部分と結びつけ、その後の末端を 70 年代の終わりにパウル・バウムガルテン（Paul Baumgarten）によって仕上げられた連邦憲法裁判所という素晴らしい建物に見出すようなものである。基本法は、飾りのない、しかし美しい言語で保持されている。その言語は、あらゆる命題に規範的内容を与え、それ故に修辞学的な飾りなしでやっていくが、立法の特殊用語の強制において朽ち果てないようにするという要求の多い関心事を基礎にしている。これが成功していることは、ヴァイマル共和国憲法やパウル教会憲法の言語のおかげでもある —— そして、その成功は、通常の立法や多くの基本法の改正において繰り返されなかったささやかな奇跡をも示している。

　基本法の言語は、一度、アンドレアス・フォスクーレ（Andreas Voßkuhle）によって「見せかけ上よく分かるもの」と特徴づけられた。その法学的な意味がそれによって貫徹されるようなことなしに、憲法の叙述がひとめでよく理解されるということは、その点で正しい。しかし、見せかけ上の理解と正しい理解との区別は、民主的憲

法の任務を正しく取り扱わない方法でのテキストの技術的で法学的な読み方に特権を与えてしまう。素人の誤解は、その独自の政治的権限を付与し得ることになる。国民に由来する国家権力といったような命題に奇異を感じる者は、憲法学者が法学的に意味すること（前掲2の「すべての国家権力は国民に由来する」参照）を説明しても、当然それには奇異を感じることになろう。憲法のテキストには、政治的な現実や法学的解釈を超える政治的約束が常にはめ込まれている。それ故に、基本法を読んだ後の戸惑いや失望は、単純に誤解として帳消しにされるべきではなく、そのようなものとして、あらゆる憲法が政治的秩序をより良く形成するよう要求していることの表明である。

　基本法の簡潔なスタイルは、残念ながらかなり以前からなくなっている。基本法は、国際的比較において、異常なほどしばしば修正され、その際に用いられる言語を当然非常に嘆いていた。基本法16a条、すなわち庇護権の改革のための規範だけを読んでみよう。その規範は、庇護権を権利として完全に廃止することなく、古い庇護権がどの程度制約されるべきなのかについての争いに関する1つの妥協から成立していた。ここでは、いわゆる「重大な盗聴攻撃」の導入となった基本法13条3項から6項におけるように、通常ならば単純法律あるいは行政規則に属するような基本法における規制が、政治的コンセンサスの確保のために書き込まれた。ここでは、大まかな規制（eine Faustregel）が作動しているようにみえる。憲法が基本権の章で言葉を増やせばそれだけ、憲法は自由を与えなくなっていく。改正された規範は、言葉の上でも残りの基本権の章と一体となる。それは、読んだ印象を台無しにし、細部の技術的にぎこちない定式からではなく、重要な法的命題の単純で明らかな定義から生じる多くのテキストの品位を、テキストそのものから取り除

いてしまうのである。

　憲法テキストの美学は、明らかに、美的なものを超える価値をもっている。いかに 1 つの政治的秩序の中心的な規範的文書が定式化されるのかは、その秩序の自己理解をも表している。アメリカの憲法伝統において、憲法は、神聖なテキストに近づいている。このことは、我々にとって模範とはならないに違いない。我々は、ここで自己過大評価をも想像するかもしれない。しかしながら、基本法については —— 一般的な言語の荒廃のシナリオを信頼する必要なしにではあるが —— 一定の自己過小評価の印象が重く抑圧され得ることになる。憲法に些末なことを書き記すことは、一方で、基本法が非常に簡単に改正され得るということを示す。それはまた、我々の政治的文化が、決定的な事柄と平凡な事柄の間を、ありのままの秩序の性格と政治的妥協との間を区別することにほとんど意味がないということをも示すことになる。このことは、すべての参加者があらゆる細かいことを憲法の序列にまで高める準備があるという超憲法化という代償ともなり得る（後掲第 3 部 4 の「永続的基本権革命の始まり」参照）。政治的情念に対する恐れ、ならびに政治的に象徴的な事柄や際立った合法主義に対する恐れ、ドイツ連邦共和国の政治的文化のこの 2 つの問題ある特性は、ここで交互に強化されることになる。

◇第3部◇ 規範としての基本法

◆ 1 憲法の優位

　基本法は、20条3項で、「立法は憲法的秩序に、執行権および裁判は法律および法に拘束される」と規定している。この規律によって、立法者は基本法の内容に拘束され、いわゆる憲法の「優位」が確認される。法秩序のすべての他の規範は、基本法に一致していなければならず、そうでないならば、それらは効力を失う。基本法は、ドイツの憲法史において初めて憲法の優位を明示的に確認した。しかしながら、それによってだけではほとんど何も変わらないだろう。憲法の優位を制度的に有効ならしめるのは難しい。そのためには、とりわけ2つの道具が必要に思える。第一に、憲法の改正が、通常の法律の改正に対してより困難な手続で行われなければならない。これは、既にみたように、基本法の場合、妥当している —— たとえ基本法が比較的しばしば改正されていたとしても、である。第二は、基本法の遵守をコントロールする制度が必要である —— そして、それは、審査されるべき政治的プロセスから独立していること、すなわち憲法裁判所が必要になるのである。憲法裁判所は、民主的法治国家の必須の要素ではない。まさに古い民主主義の信奉者は、憲法裁判所そのもの、ないしは強力な憲法裁判所というものを全く知らない。しかし、憲法の優位が貫徹されようとするならば、憲法裁判

の制度が創設されなければならない。

　ドイツの法秩序にとって、憲法の優位を連邦憲法裁判所によって確保するという決定は、非常に広範な帰結を持っていた。特に、「すべての者」が終審において連邦憲法裁判所を頼ることができる憲法異議の導入は、今日、賃借権から医療保険の権利まで、店舗の開店時間の規制から大学入学許可までの我々の権利のすべてが憲法上影響を受けるという結果になった。このことは、積極的にだけ評価されるわけではない。というのも、連邦憲法裁判所の決定は、立法者の決定と同じ方法では修正され得ないからである。誰もが満足し得ないような硬直化が起こらないとは限らない。それにもかかわらず、全法秩序が憲法の影響の下にあるということを他の法秩序によっても受け入れられたということが、基本法の特殊性に属している。

◆ 2　基本法の発展における連邦憲法裁判所

　連邦憲法裁判所の制度化によって、基本法は、それ故に、憲法の優位の広範な確保に基づくものになった。連邦憲法裁判所は、「真正の」憲法裁判所である。すなわち、ドイツの裁判所制度において、憲法解釈の任務が法律解釈の任務から切り離されている。法律解釈については、連邦の最上級裁判所、すなわち連邦通常裁判所あるいは連邦行政裁判所などが、終審として権限を持っている。連邦憲法裁判所は、唯一の裁判所として、民主的な法律を基本法に違反するとして否定する権限を持っている。法律の憲法適合性に疑問を持った他の裁判所は、連邦憲法裁判所にその問題を移送しなければならない。それ以上に、連邦の憲法機関としての、そして諸ラントの裁

判所は、紛争問題を決定するために、訴えを提起され得る。訴訟の当事者の申立てに基づき、法律も審査し得る。最後に、市民もまた、彼らが国家によって自己の基本権を侵害されていると考えるならば、連邦憲法裁判所に訴えを提起することができる。権限からのこのコンビネーションは、法比較において、非常に稀である。特に、すべての市民が憲法裁判所に直接アクセスできるというのは、例外にとどまっている。このことによって、連邦憲法裁判所は、専門裁判所の法律解釈にも大きな影響力を及ぼすことになる。

　基本法をテキストして考えず、政治的制度ととらえるならば、したがって第一に、連邦憲法裁判所というものを考えることになる。カールスルーエへの様々な方法でのアクセスは、連邦憲法裁判所が利用できる多くの権力を基礎づける。連邦憲法裁判所という制度において、基本法にとって典型的な政治に対する不信や、法と裁判所への際立った信用が表明されている。人間の尊厳の保障と同様に、連邦憲法裁判所の制度化は、それ自体が典型的なポスト全体主義的決定を示している。政治がいったん拒絶したところを、法が援助することになる。

　連邦憲法裁判所は、後にみるように、基本法や立法者が提供する可能性を素早く、そしてたっぷりと利用する。これは、一般的な意識において遂行されるが、ますます憲法裁判にとり憑かれた国法学においても、連邦憲法裁判所の判例を広範に基本法と同一視することへと導く。連邦憲法裁判所の判例を知ることなく「基本法」を語ることはできないというのは正しい。しかし同時に、連邦憲法裁判所に固執してしまうことは、幾重もの相対化を必要とする。

　第一に、強力な憲法裁判や憲法の強い法学的理解が決して自明のことではない、ということは忘れないようにしなければならない。多くの他の憲法の伝統において、そんなに強力な憲法裁判というも

65

のは存在していない。すべての者にとって、文書としての憲法という政治的特徴が、しばしば際立っている。アメリカ合衆国大統領だったフランクリン・デラノ・ルーズベルト（Franklin Delano Roosevelt）は、アメリ合衆国憲法を ── 合衆国連邦最高裁との対立の間、全く偶然ではなく ──「素人の文書であって法律家の契約ではない」と特徴づけた。ドイツの憲法学者であるペーター・ヘーベルレ（Peter Häberle）は、カール・ポパー（Karl Popper）を忍ばせながら、「憲法解釈者の開かれた社会」── それはドイツ国法学において強い異論に出くわした言葉ではあったが ── について語った。この視点は、プロテスタント的に、「市民という普通の憲法裁判官という職」とも特徴づけられ得た。そのような定式化がどの程度適切であるかは、議論の余地のある問いであり続けている。その正しい核心は、憲法、すなわち基本法もまた、決して完全には法学的合法性に埋没してしまわないという点にある。

　第二に、以上のことは、連邦憲法裁判所の実務を詳細に眺めた場合に示される。というのも、すべての憲法裁判所と同様に、連邦憲法裁判所は通常の裁判所ではなく、それが位置づけられる政治的コンテクストを簡単に無視することができない1つの制度体である。まず、憲法裁判官は政治的に任命される。彼らは、連邦議会あるいは連邦参議院といった選挙された機関の3分の2の多数の同意という要件のために、一般的には非政党的に承認されるに違いないが、しばしば自身の政治的選好を否定しえないような文章を展開する。非政党性という点がうまくいっても、裁判官の任期の最後には、どの政党によって彼らが任命されたのかが忘れられないようになる ── しかし、必ずしもそれがうまくいくとは限らず、しばしば少数派になった裁判官の反対意見の公表によって明らかになる法廷での議論が、憲法裁判という形式での政治的議論の継続のようにみえる

ことがある。

　しかし、政治的議論に対して独自の憲法上の論拠を境界づけ、そ
れを独立させることに裁判所が成功すれば、第三に、憲法裁判所の
仕事は、多くの点で、法外的な状況そして他の憲法機関に依存し続
ける。憲法上の問題は、それが社会的対立として選別される場合、
まず裁判所に持ち込まれる。法律を決定する連邦議会は、同時にそ
のことによって「憲法の最初の解釈者」（Paul Kirchhof）として活動
し、その憲法理解が裁判所にとって重要なものになり得ることは明
らかである。法律を適用する専門裁判所は、それらが決定しなけれ
ばならない事件にとっての基本法の意味についての意見を形成し、
専門裁判所が法律を憲法違反とみなす場合、それを連邦憲法裁判所
に移送することになる。社会運動は、環境保護や情報保護、真のあ
るいは見せかけ上の侵略戦争反対についての彼らの闘争のための連
接点として、基本法を取り上げる。そして、政治的関心事から憲法
上の論拠を作り出そうとする試みは、しばしば連邦憲法裁判所にお
いて成功することがある。自由を保護し、それを可能にする秩序に
おいて、上記の動態性は、初めから内蔵されている。例えば、基本
法が芸術を保障しているならば、それは、この定式によって美学上
の発展にも開かれている。今回だけ妥当するような芸術の概念を展
開することは、連邦憲法裁判所の任務ではなく、むしろ、社会的発
展に続いてまさにその概念を新たに規定するために、いかなる新し
い表現形式が法的問題になるのかを待つことが任務になる。それは、
連邦憲法裁判所がそのような社会的発展に適応しなければならない
ということを意味せず、連邦憲法裁判所は、そのような発展に身を
委ねることを拒否し得る。しかし、連邦憲法裁判所がいかにして基
本法の理解に到達するのかという問題は判例をバラバラに眺めるこ
とによって理解され得るわけではないということは、全く明らかで

ある。憲法学者にとって、難しい課題は、この仕切られた諸関係から純粋な憲法的側面を明確にしなければならない点にある。外からの観察者 —— これは読者や作者がここで快適に占めることができる立場である —— にとっては、連邦憲法裁判所が非常に有意義な、しかし断然に、基本法の発展を記述し、理解し得るために、我々が注視しなければならない唯一のアクターではないということを確認し続けることになる。

◈ 3 基本法と政治

　基本法は、1つの政治的プロセスを創造すると同時に、それを制限している。基本法は、すべての民主的憲法と同様に、支配を根拠づけると同時に支配を制限するようにも機能する。ここから、自主的な民主的意思形成を完全に裁判上解釈可能な規範に一致させることなしに、民主的な政治に境界を引くという問題が出てくる。この問題の解決のための例は、基本法の中に見出せる。すなわち、基本法は、連邦首相に「指針権限（Richtlinienkompetentz）」を付与しているが、同時に、連邦首相は、単独で決定を下すことはなく、連邦政府の中で決定を下すことになる。そして、連邦政府においては、そちらはそちらで、個々の大臣に彼らの管轄事項についての独立した責任を課している。政府内部での権限配分を、基本法は規律していない。これは、様々な政党が政府に対してどの程度の影響を持つかを規定する議会における多数派関係から生じる。ここで認識されるべき政治的プロセスは、規制の十分な理由から切り離される。そのプロセスは、連邦議会選挙の得票分布を表す。類似の構造は、連邦議会内部の決定についても現れる。平等選挙および普通選挙は憲

法上規律されている。これらの原則なしでは、連邦議会選挙は、民主的なものではなくなるだろうし、そのために立法者は、それら諸原則を廃止できない。しかし、立法者は、様々な選挙制度の間の選択をすることができるし、そのことによって政党制度の構造も強い影響を受ける。多数代表制選挙法を採用する国家は、通常、二大政党制となる。ドイツの選挙法は、通常、単独では政権担当能力を持たないような小政党による制度を生み出している。

　連邦議会がどのように決定を下すのかという種類や方法は、非常に大きな部分について議会自身によって運営規則で規律される。これは、政治的プロセスの対象事項であり、少数者の権利を保護することに限定されなければならない憲法事項ではない。連邦憲法裁判所も、ドイツ連邦議会内部の手続を、その手続の民主的性質を危険にすることなしに、簡単に法化することができない。しかし、場合によっては、連邦憲法裁判所は、民主的プロセスに一定の付加的義務を課すことができる。例えば、ドイツ連邦議会には、一定の期間の経過後の法律上の決定をもう一度その事実上の要件に基づいて審査する義務が課せられている。

　ここで以下のことが認識される。民主的政治は一定の憲法上の規制によって成立するが、政治が行われるところでは、その規制は、開かれた意思形成を可能にするために、後方に引き下がらなければならない。非常に議論があるのは、このように考えることが企図された不信任問題の手続にも妥当するか否かである。そのことに関して、連邦首相だったコールやシュレーダーは新たな選挙を可能にした（後掲4の「80年代」参照）。基本法上の「信任」という概念は、連邦憲法裁判所によって、関係する3つの憲法機関、すなわち連邦首相、連邦議会そして連邦大統領によるものとは異なって解釈され得るのだろうか。この手続は、裁判所に、純粋に政治的な手続に対

する思慮深い抑制を要請しているのだろうか。これについて、学説も裁判所も、今日まで争っている。

◆ 4　基本法に映し出された政治的エポック

　基本法が規範として機能することは、ドイツ連邦共和国の政治史を眺めることによってのみ理解される。以下では、それを制定初期から現代にいたるまでの間で概観してみよう。

制度的な凝固化　憲法の多くの部分は多少なりともそれ自身から理解されるが、その他は永続的に議論され続ける。1949年の基本法の施行によって、関係者は、その新たな役割を見出さなければならず、憲法テキストに基づいて、協定や互いの交流の慣行を発展させなければならなかった。基本法がいかに理解されるべきかを —— 前述の通り —— 連邦憲法裁判所だけが明示するわけではないということは、その解釈は明確ではなかったが、基本法が妥当していた憲法上の諸機関の互いの初期の交流に示されていた。このことは、1つの重要な例で示される。それは、アデナウアー（Adenauer）連邦首相およびホイス（Heuss）連邦大統領の時代の連邦大統領の役割と意義についてである。議会評議会は、連邦大統領の職務について確固としたものを示していなかった。その職務は、ヴァイマル共和国の強力なライヒ大統領を忘れてしまうべきであったが、「君主の遺産」と理解され得る（Ellwein）ような、全国家のための統一体形成の役割を果たすべきものでもあった。基本法のテキストは、連邦大統領に、それに対応する両義的な権限を付与した。連邦のあらゆる重要な行為を完了するために、連邦大統領は、決定を下さなければならなかった。例えば、官吏の任命、法律

の認証、外国使節の信認の場合である。しかし、これらすべての行為は、有効にするために権限ある大臣の連署を必要としている。したがって、いかなる者も連邦大統領の行為について議会を通じた責任を引き受けることができるということは確保されている。確かに、連邦大統領は、外交の領域で、いずれにせよ基本法のテキスト上、顕著な役割を果たす。ほかの誰でもなく連邦大統領が、基本法59条1項1文によって、対外的にドイツ連邦共和国を代表する。連署権に直面しても、この規範は、連邦大統領の独立した外交政策上の意思形成のための十分な根拠を提供することができる。

これが発展されず、ドイツ連邦共和国の外交政策が今日実際には連邦政府によって形成され、連邦大統領によってはなんとなく雰囲気的にだけ形成されているということは、基本法のテキストとはほとんど関係せず、連邦憲法裁判所とは全く無関係であり、ホイスとアデナウアーとの間の個人的交流に多くは関係している。「連邦大統領は非常に強く、連邦首相は弱い」。強かったアデナウアー連邦首相に帰せられたこの確認は、今日では慣習法的に承認されている両職務の互いの交流における学校教育的な実務を記述していた。連邦大統領は、自らの役割を現実の政治的形成の向こう側に探求しなければならず、まだ常に一定の方法で探求するような職務になった。ホイスは、彼が権力を持たない政治家として、知的な国家元首として初期のドイツ連邦共和国を彼の発言を通して経済的な成功の向こう側に志向しようとしたことによって、政治的な視点でも、指針となるようにそれを理解したのかもしれない。そのような職務の理解について、憲法は、確かに全く貢献することができない。限定された決定権限を持つ職務としてよりも難しい多くのことを果たすべきだと考えられているようである。

連邦憲法裁判所や連邦議会の関与なく進行する憲法の発展の例が

問題になるとすれば、他の例において、憲法の初期の発展は立法者の干渉に依存していたということが示される。例えば、基本法は、男女の法的同権を規定している。しかし、女性に対して不利に作用していた見渡すことが不可能なほど多くの戦後妥当していた法規定において、非常にゆっくりとしか動かなかった。よしんば憲法命題が政治的プロセスにおける本質的論拠として働いたとしても、国法学や家族法学は、裁判所同様に、女性の同権を遅らせるあるいはまったく阻止するような多大な努力をしていた。社会の変遷は、ここで、基本法のテキストによって引き起こされ、連邦憲法裁判所が加速させたが、最初は立法者によって有効に実現されたのであった。

初期の連邦憲法裁判所

この相対化にもかかわらず、連邦憲法裁判所は、非常に素早く、基本法の理解のための中心的な役割を引き受けた。このことは、連邦憲法裁判所をその初期段階で、裁判所システムにおける、また同様に政治における異質な機関として観念しなければならないとしても、実際に起こった。連邦憲法裁判所は、基本法の理解を貫徹できるために、この両方の側面から実証されなければならなかった。裁判所システムの内部で、連邦憲法裁判所は、特に、民事・刑事事件の最高裁判所である連邦通常裁判所と対立した。連邦通常裁判所は、自らを、ドイツ第二帝国の1879年に創設され、ヴァイマル共和国や国家社会主義の時代にもその判例を継続して展開していたライヒ裁判所の後継機関と考えていた。1954年に、連邦通常裁判所は、それに対応して「ライヒ裁判所の」75周年記念式典を行った。連邦通常裁判所は、そのことによって、国家社会主義の時代も含めて継続性の中にあることを明示的に提示した。それと共に、連邦通常裁判所は、その圧倒的な社会的に保守的なものから急進的な世俗的イメージを持った、そして事件の決定に際して新たな憲法を放棄できるとの方

法論的確信を持った伝統的な法学的エスタブリッシュメントの立場
をとった。1950 年代の反動的な法学的精神の嗜好を手に入れるた
めに、もう一度刑事事件あるいは家族法事件の判例を読んでみれば
よいだろう。

　それに対して、連邦憲法裁判所は、少なからず国家社会主義の被
迫害者から成る政治的に任命された裁判官で構成される新たな裁判
所であった。それは、制度的な新参者であったし、連邦通常裁判所
によって初期のころはそのように扱われていた。連邦通常裁判所の
裁判官は、長い所見で、憲法裁判所に自己の法的見解を提示し、連
邦憲法裁判所がそれに従わなければ、不信を抱くばかりか憤慨もし
ていた。しばしば、これらの事件において、国家社会主義という過
去とのやり取りが問題になった。1945 年以前に妥当していた官吏
関係がさらに妥当するのか否か、立法者にはそれを作り変えること
が許されているのか否かという問いにおいて、両者は明らかに対立
していた。その論拠は、両方の側で、明らかに法学的土台を離れて
いた。連邦通常裁判所は、国家社会主義においても、非政治的な
「法治国家的」官吏制度というイメージを描いていたが、連邦憲法
裁判所は、全体主義と国家行政の絡み合いについてのはっきりとし
た言葉を見出していた ―― ある判決において、連邦通常裁判所は、
それに反して明確に服従を放棄したのであった。

　結果的に、憲法裁判所は、基本法を解釈するその権限を貫徹した
が、両裁判所の間の緊張は、今日でもみることができる。現在のス
ペインにおいてのように、更に他のポスト全体主義的憲法秩序にお
いて、全く類似する論争へと導く歴史的背景の向こう側には、その
ような対立についての法システム上の理由も存在する。どの程度、
基本法が法秩序全体に、それ故に民事法や刑事法に入り込んで効力
をもつのかという問いは、体系的に答えるのが難しい。憲法裁判所

も民事裁判所も、「自分たちの」法の代弁者となるのである。

　連邦憲法裁判所は、裁判に対してだけでなく、政治に対しても自らを貫き通さなければならなかった。連邦憲法裁判所の初期の決定は、連邦政府のかなりのメンバーにおいて鋭い反論へと導いた。特に、トーマス・デーラー（Thomas Dehler）連邦司法大臣は、論争的な批判にしり込みせず、憲法裁判所の判決の拘束力に問題を提起した —— 結果的には何の効果もなかったが。逆に、基本法の体系上、他のすべての裁判所と同じように裁判権の章に単純に分類されている連邦憲法裁判所は、1952年の有名な覚書において、自らを「憲法機関」と呼んだ。これは、驚くべき行動であった。それによって、連邦憲法裁判所は、自らを他の憲法上の諸機関と同じ記録上の水準にまで高め、その行動は、結局、立法者によって、連邦憲法裁判所法について承認されることになった。

　初めから、連邦憲法裁判所 —— あらゆる憲法裁判所と同様に —— は、外からは政治的決定と近くされ得た諸判決を下さなければならなかった。1950年代の初めに議論された再軍備の問題に際して、連邦憲法裁判所は、社会民主党（SPD）の再軍備に対する訴えが撤回されるという幸運にみまわれた。そのため、連邦憲法裁判所は、この法学的にも政治的にも議論のあった問題に対する独自の態度表明を回避できた。また、アデナウアーによって起こされたドイツ共産党（KPD）の禁止についての手続を、裁判官たちは、非公式の方法で妨げようと試みた —— しかし、それは成功しなかった。結果的に、連邦憲法裁判所は、1956年、疑う余地なく基本法の秩序の下では存在し得ない政党を禁止せざるを得なかった。しかし、その政党のメンバーは、今なお大部分において、抵抗闘争に従事する者から成っている。

　将来に意味のある対立は、アデナウアー時代の後期になっても、

しばしば連邦政府のメンバーの制度的な自己栄華へと展開した。ア
デナウアー連邦首相は、1960年、キリスト教民主同盟（CDU）の
支配する連邦諸ラントの助けを借りてのみ、新たな中心的テレビ局
を創設しようとする試みを企てた —— あるいは、シュトラウス
（Strauß）連邦国防大臣は、1962年、私的機関の助けを借りて、シュ
ピーゲル（SPIEGEL）の編集部を除去させようとした。少なくとも
最初の事案で、連邦憲法裁判所は、政治の行為に明確な境界線を引
いたし、第二の事案では、プレスの自由についての広範な観念が後
に貫徹されることになる裁判官たちの反対意見を初めて公表した。
少なくとも連邦政府が政治的形成の法から自由な領域で動くという
観念は、その政府の終焉を予期していた。連邦憲法擁護庁の職員が
基本法をその「必ずしも職務の下で支え」られないという有名な
ヘッヒェル（Höcherl）連邦内務大臣の公式発言は、連邦の広報職
において法治国家的な基準が広まるには非常に時間がかかるという
驚くほど親切な表現であった。このプロセスはまだ完結していない
が、連邦情報局（BND）をめぐるような多くのスキャンダルにおい
て示されるように、連邦政府によってもはやそれほど無頓着には正
当化されない。

永続的な基本権革命の始まり　市民は、国家によって自己の基本
権が侵害されていると考える時に
は、連邦憲法裁判所を最終審として利用することができる。連邦憲
法裁判所は、1950年代に、この権限によって、基本権の射程を測
り始めた。ここでも、多くの重要な決定は、政治的な調子を持って
いた。社会民主党員でハンブルク総務局長のエーリッヒ・リュート
（Erich Lüth）は、1950年、ファイト・ハーラン（Veit Harlan）監督
の新しい大衆迎合的映画のボイコットを呼びかけた。ハーランは、
国家社会主義時代に、プロパガンダ映画、なかんずく「ユダヤ人

ジュース（Jud Süß）」という反ユダヤ主義的映画を撮影していた。
ハーランと契約していた制作会社は、リュートに対して、ボイコットを原因にする財政的損害につき、損害賠償請求の訴えを提起し、民事裁判所のすべての審級で請求は認められた。連邦憲法裁判所は、1958年、これらの決定を破棄し、基本法の基本権が民事法の損害賠償請求事件でも考慮されなければならない「客観的な価値秩序」を創設したことを確認した。リュートは、損害賠償の要求の虞なしに映画のボイコットを呼びかけることができた。基本権は、連邦憲法裁判所の対象事項であるだけではなく、今やすべての他の裁判所によっても適用されるべきものになった。

　更なる有名な事件で、メンヒェングラートバッハのかつてのCDUの市長と助役は、1953年、外国への訪問に際して再軍備に反対の抗議をしようとしていたヴィルヘルム・エルフェス（Wilhelm Elfes）を訴えた。当局は、彼に対してパスポートの発給を拒否し、そのことによって、彼の出国がドイツ連邦共和国の外交政策上の利益を危殆化するとみられるので、それを妨害した。エルフェスは、連邦憲法裁判所においても事件に敗訴したが、この事案において、連邦憲法裁判所は、自由のあらゆる制限は原則的に基本権上の保護を享受し得るということを確認した。連邦憲法裁判所は、基本法の基本権カタログにその保護がはっきりと記載されていないありふれた行為を含むいわゆる一般的行為の自由を発明した。「エルフェス事件」と「リュート事件」という二つの有名な決定 ── そしてそれに続く決定 ── によって、連邦憲法裁判所は、基本権の射程を、潜在的にあらゆる行為の連環に拡張した。どこででも有効な基本権上の価値秩序という想定によって、連邦憲法裁判所は、本来個人の権利として起草された基本権から同時に、いかなる個人もそれを援用できないような場合でも法秩序に影響を及ばし得る客観的に効力を

もつ規範を創り出した。そのように理解すれば、権利は、個人の自由の制約のためにも利用され得ることになる。

　連邦憲法裁判所は、基本権の拡張によって、中心的な方法論的アクセスとして憲法上の諸利益の衡量を発見した。連邦憲法裁判所は、その判例の初めから、基本権の適用の範囲で、基本権への介入が正当な目的を追求するものか否か、その手段がこの目的を達成するのに適切か否か、最後に、これらがすべて妥当するならば、自由の喪失が目的達成との関係で適切な関係にあるか否かを審査している。この審査は、その基本構造において、かつてのプロイセン上級行政裁判所の判例に由来しているが、民事法から出てくる比較衡量にも由来している。そのような審査は、基本法のテキストにいかなる連接点もみられない。この審査をより良く理解するために、1963年の決定を取り上げてみよう。そこでは、ある男性が商取引における秩序違反のために僅かな罰金を科せられた問題が取り上げられている。しかし、彼は、責任能力がある場合にのみ処罰され得る。知的能力に制限のある人物の場合、その点で疑問があった。彼の責任能力の唯一考え得る検査は、その当時、脊髄から髄液を採取する方法であり、それは身体の十全性への重大な侵害方法であった。比例性の審査枠組みにおいて、犯人の責任能力を確認することは正当な目的である。介入は、この目的達成にとって適切でもある。より緩やかな手段も利用することはできない。それにもかかわらず、その措置は不合理なように思える。僅かな罰金を科すことを実施するために、男性の身体的十全性にかなり重大な程度に介入しているのである。具体的な事件で、国家がその措置で達成することと、市民がそのために失わなければならないこととの間で衡量すれば、この介入は、適切なようには思えない。

　その事件は、今日実務上非常に重要な審査の強みと弱みを示して

いる。その結果は正しいように思われ、審査は道徳的な直観を裏づ
けている。しかし、多くの事件で、その直感は今示したものほど一
義的ではない、そのうえ、衡量は、即興での決定のように思われる
し、ましてや法学的合理化の行為のようにみえる。それ故に、かな
りの批判者は、すでに50年代に、基本権判例によって、法学上の
論拠の合理性の喪失を、そして法の非常に強い道徳化を恐れていた
── そして、今日、その恐れは完全に理由がなかったと単純に主張
できないでいる。かなりの決定は、法の認識のようなものというよ
りも法の信仰告白のように読める。それにもかかわらず、基本権に
ついての判例は、まさにドイツ連邦共和国の初めから、大きな成果
を挙げているようにみえるし、民主的な法治国家によっては信認さ
れない社会における全体主義的構造の解体に重要な制度的貢献をな
していたようにみえる。囚人との交流から女性の同権を経て国家の
影響からの公共放送局の保護に至るまで、基本権は、政治的目標に
も奉仕した。同時に、比例性審査のドイツ・バージョンは、他国の
法秩序にも受容されたのであった。

　1950年代の基本権革命はまだ終わっていない。一般的行為の自
由の展開によって、潜在的には、あらゆる自由の利用が、基本権に
よって保護されている。同じような機能を一般的人格権も果たして
いる。それは、個人の人格的領域を、世間の干渉あるいは国家の操
作から保護する。この基本権は、非常に開かれて定式化されている
ために、誰も考えていなかったような制約からも保護されている。
そのことによって、基本権の発展は、立法者の干渉なしでも、長く
続いている。機能する民主的意識を持った社会がそのように広がっ
た判例を、かつてのドイツ連邦共和国において妥当していたのと同
じ態様で必要としているのか否か、そのような社会が本来の民主的
決定をより信用するのか否か、我々がリベラル・デモクラシーの跡

付け可能な受容の喪失に鑑みて再び初期のドイツ連邦共和国の厄介
な関係に戻るのか否かという点は、不確かなままであり続けている。

緊急事態体制：そしてその補償　緊急事態体制、すなわちカタス
トロフィーあるいは戦争状態の
ための特別の規制を基本法に導入することは、すでに 1950 年代後
半から憲法政策上議論になっていた。後になってからであるが、こ
の改革において、学生運動によってそのように呼ばれ、一般的な記
憶に残ってはいるものであるが、全体主義的な政治プロジェクトは
認識され得ない。むしろ、基本法のこの補充は、一定の合法的な完
全主義の表明のようである。それは、規制されるのが困難な状態を
も規制しようとするものである。そのように理解すれば、よりにも
よって 1968 年に基本法の第 10a 章として導入された緊急事態体制
は、望むべきことに嫌な目にあわずにすんでいるその実践的実証を
留保して、執行可能な規制であるようである。政治的には、緊急事
態体制についての規制は、抗議の嵐にあい、関係諸政党のバーター
取引の対象となった。というのも、憲法の他の象徴的な改正を対抗
手段としてのみ、この改革のための SPD の同意が取り付けられた
からである。そこで対抗手段となったのが、それまで単純法律での
み存在していた市民に好意的な憲法異議を基本法に導入することや、
その法的な意味が今日まで完全には明らかになっていない「抵抗
権」の成文化であった。ドイツ人が抗議の前に駅で乗車券を買った
のであれば、かつてレーニンが書き記したように、彼は、今や理由
づけられた個々の事案で政治的な暴動の権利 ── 確かに憲法異議に
よって審査可能になる（！）── をも持つことになったのであった。
　暴力（Gewalt）という概念をめぐる同時代の議論は、憲法上の概
念の両義性を示す。それは、暴力の概念を物理的な強制に限定せず、
むしろ社会的な強制をも暴力の形式、いわゆる「構造的暴力」とし

て理解する 1960 年代後半の批判的理論の関心事の 1 つであった。
しかし、そのように拡張された暴力の概念は、集会の自由の射程に
ついて決定しなければならなかった、保守的に一致していた裁判に
よっても取り上げられ得た。そのために、連邦通常裁判所は、1969
年、ケルンでの料金値上げに反対した路面電車の乗り場の封鎖を暴
力的「テロ」と特徴づけ、それによって参加者の集会の自由という
基本権を制限した。集会がいかなる点で暴力的になるのかという問
いは、今日まで、連邦通常裁判所と連邦憲法裁判所との間で意見が
一致していない。いかに憲法上の概念が法学的適用において政治的
にも二重の意味で作用する政治的意味を受け入れ得るのかは、この
例において非常に素晴らしく表れているように思える。

より民主制に賭けるのか：それとも憲法裁判にか？ 1969 年の社会
自由主義的連
帯によって、政治的なものと裁判所での憲法解釈の間の対立は新し
い局面に入った。社会自由主義的な多数派は、その政治的プログラ
ムを法律の形式に移し始めた。議会の立法者が重要な決定そのもの
を行わなければならず、これらを政府に委ねられないということは、
同時に、連邦憲法裁判所の裁判の重要な関心事の 1 つであった。例
えば、学校でのカリキュラムあるいは囚人の取扱いは、行政命令に
よっては規制され得なくなった。それらは、基本権の行使にとって
重要であり、それ故に、議会の法律によって正当化される必要が
あった。その限りで、基本法の政治的そして憲法裁判的理解は、同
じ方向に進んだ。

　社会自由主義的な多数派が決定した重要な法律は、しかしながら、
1970 年代になって連邦憲法裁判所によって破棄された。妊娠中絶
に際しての期間での解決の導入は、生命の権利に対する侵害になる
と連邦憲法裁判所は判断した。すなわち、生命の権利は、一定の期

間の間、単純に十分な理由なく胎児の殺害を合法化するようなことを立法者に禁止している。連邦憲法裁判所は、ここで初めて、立法者に不作為義務だけでなく規制の義務をも課し、そのことによって前述（前掲4の「永続的な基本権革命の始まり」参照）の基本権の客観化をその最終の帰結へと導いた保護義務としての基本権の理解を展開した。兵役をさらなる審査なしで葉書によって拒絶する可能性は、同様に、連邦憲法裁判所によって破棄された。というのも、基本法は、兵役拒否を、良心を理由として個人的に正当化されるべき例外と理解していたためである。立法者がここですべての関係者に多くの自由を認めようとしていたのに、今や基本権によってそれが妨げられるようになっていることが懸念されるならば、上述のような連邦憲法裁判所の判断は驚くべき見解になる。教授が大学内部で他の職員や学生とほぼ同権の集団にされてしまうような集合的大学の制度をニーダーザクセンで導入しようとしたことは、連邦憲法裁判所によると、学問の自由の侵害になった。連邦や諸ラントでの社会民主的な改革プログラムの核心的部分は、それによって、連邦憲法裁判所で粉々に砕けた。社会民主的な東方政策（Ostpolitik）は、連邦憲法裁判所によって歯ぎしりしながらでのみ受け入れられた。政治、民主的大衆も、しばしば驚きあるいは憤慨をもって反応した。社会民主主義者のハンス・ヨッヘン・フォーゲル（Hans-Jochen Vogel）連邦司法大臣は、1978年の専門誌に、「緊急事態の警告（Videant Iudices）」という見出しで警告的な論文を書いた。その見出しは、執政官が災いを共和国から逸らすよう要請された元老院の緊急事態決定である古代ローマ時代の元老院の最終勧告（Senatus consultum ultimum）をほのめかすものであった。

　憲法史のこの注目に値する時期は、まだ、詳細な分析を待っている。しかし、アメリカ合衆国における同様の対立とは異なり、その

対立が裁判所の政治化の結果として記述され、一義的に一定の裁判官の個性と結びつけられているということはほとんどありそうもないように思える。むしろ法の発展という注目に値する二重の意味が目に付く。国家行為の限界としてだけでなく、社会的そして政治的配分参加の請求権としても、そして客観的に作用する規範としての基本権の活性化は、今日、1960 年代後半そして 1970 年代初期の時代と結びつけられる政治的プログラムの一部であった。それとは、古典的な基本権理解の広範な開放が結びつけられている。それは、基本権を国家行為の義務づけとしてのみ理解し、社会の内容形成の委託としては理解しなかったものである。基本権は、民主的改革を指導するためのプログラムであるとの意味だけがあるわけではない。基本権をそのように徹底的に議論することは、しかし今や、左翼的自由主義の多数派の民主的改革プログラムに対して一旦向けられたことになる。それは、再び火がついたのであった。

　後になって目に付くのは、いかに傷つかずに連邦憲法裁判所がこの対立を克服したのか、そして連邦憲法裁判所が時として貧弱な理由づけ行為に際しても立法者に対するその十分な自己意識によって何も失われなかったということである。このことは、民主的立憲国家の非政治的仲裁人としてのしばしば補助的な皇帝のように作用する人気を傷つけてはいなかった。連邦憲法裁判所の正当性についての国法学においてなされるべき議論 —— 多くの比較可能な法秩序において中心的問題になるのだが —— は起こらなかった。さらに根気よく基本法ドグマーティクの解体に取り組まれていた。この時代を憲法の独立性を保持したものと解釈するのか、それとも裁判所に何らかのより民主的な敏感さを供給するやり過ごされた機会と解釈するのかは、決定するのが難しいままである。

1980 年代　　連邦憲法裁判所が全体として一方的に政治化しな
かったということは、それが 1982 年のシュミット
(Schmidt) 政権からコール (Kohl) 政権への転換後も、政府の多数
派に生命を重視させることを辞めなかったという点に特に示された。
確かに、コール時代の始まりは、憲法への重大な挑戦であった。
コールは、新たな選挙を可能にするために、連邦議会で信任問題を
提起した。キリスト教自由主義連合の議員は、投票を控え、そのた
めに連邦議会は、SPD の投票である程度人為的にコールに対する
不信任の表明を行った。公法の教授でもあったカール・カルステン
ス (Karl Carstens) 連邦大統領は、新たな選挙を可能にするために、
ある程度の重大な懸念をもって連邦議会を解散した。しかし、若干
の議員はこの行為に抵抗し、訴えを提起したために、連邦憲法裁判
所は決定を下さなければならなかった。連邦憲法裁判所は、ゲルハ
ルト・シュレーダー (Gerhard Schröder) が新たな選挙を可能にす
るために同じ人工的手法を用いた 2005 年の時と同じように、その
判断をするのが非常に難しかった。連邦憲法裁判所は、学者の多数
と同様に、信任問題が、連邦首相が実際に連邦議会の多数の信任を
もはや享受せず、この不信任が演出されただけではない場合にだけ
利用され得ると考えている。しかし、連邦憲法裁判所は、コールと
シュレーダーのどちらの場合も、決定を破棄し、新たな選挙を取り
消すことをあえてしなかった。連邦憲法裁判所は、「真正の」不信
任と「不真正の」不信任を法学的に納得のいく方法で区別すること
は困難であると示した。というのも、緊急の必要がなく、その職に
ある政府が選択を求めることはないためである。より良く考えれば、
政治的信任が存在するか否かという問題は、連邦議会を解散するた
めに、手続に関与しなければならない少なくとも 3 つの憲法機関、
すなわち連邦議会、連邦首相そして連邦大統領に委ねられるべきで

あろう。いずれにしても、連邦憲法裁判所の両方の決定は、その行為にとっての全く非典型的でないひな形を示したし、まさに憲法裁判所一般にとってもそうであろう。憲法上の基準は抽象的に定義づけられる —— しかし、具体的事件では、ますます困難に感じられる場合にはいずれにせよ、政治との対決は回避されることになる。

多くの他の事件で、連邦憲法裁判所は、コール政権の初めからドイツ再統一までの期間、多数派にとって不愉快な決定を発していた。例えば、連邦憲法裁判所は、1983 年の国勢調査を妨げ、この関係で、今日まで国家の情報調査の限定にとって大きな意味を持つ情報自己決定という新しい基本権を展開した。さらに、例えば、政党助成についての、議会の調査委員会の権利についての、あるいは政治的風刺画における意見の自由についての諸決定は、裁判所の政治的独立性を明らかにしていた。

ドイツ再統一：再び基本法の正当性

ドイツ再統一の問題は、1989 年の初めに、政治においてよりも憲法において明らかにより重要な役割を果たした。政治的綱領において、その問題は、なくなりはしなかったが、ゆっくりと色あせていった。CDU も、この目標を政党の綱領から削除することについて再考していた。それに対して、連邦憲法裁判所は、1980 年代まで、ドイツ再統一が基本法によって要請された政治的目標として取り扱われるべきであり、それ故に放棄されてはならないということを明らかに確認していた。1989 年 11 月から 1990 年 10 月までのドイツ再統一のプロセスにおいて、基本法は、全く独特の二重の役割を果たした。すなわち、一方で統一体の組織のためのルールとして、他方で政治的論拠として、である。その両者は、互いに結びついていた。

1990 年の経過において、ドイツ民主共和国（DDR）とドイツ連

邦共和国が再び1つの単一国家へと統合されるであろうということ
が明らかになった時、その方法についての問題が提起された。基本
法は、2つの可能性を準備していた。基本法23条2項は、新たな
ラントに、ドイツ連邦共和国に加入し、そのことによって独自の決
定で基本法の秩序の一部になることができるようにしていた。それ
によって、新たなラントの内的組織は同時に予め決定されていたよ
うである。というのも、基本法は、その構成国であるラントに、全
体として連邦のものと一致する民主的で法治国家的な形式を規定し
ているからである。第二の可能性は、国民の憲法制定権力の協働的
行為、すなわち全ドイツ国民会議あるいはそれと共に国民投票によ
るドイツの民主的で新たな建国にあった。基本法の最後の条項、す
なわち基本法146条は、この可能性を規定していたし、それを規定
している。この可能性は、独自の憲法草案を提示したほんの僅かな
国法学者と民法学者によって議論された。政治的には、この第二の
方法は全くチャンスがなかった。明らかに西側の多数派は新たな憲
法に興味がなかったが、東側の多数派は別の心配をしていた。成功
した憲法が問題であったことが明らかであったために、政治的論拠
としての基本法の属性がここで機能した。基本法での経験は、新た
な文書の必要性を根拠づけなかった。分割されたドイツの法状況が
暫定的とみなされ、基本法の内容が暫定的とみなされたのではな
かったという議会評議会の経験は、正しいものと考えられた。

　後の借りだされた分別によって諸事象が評価されるならば、2つ
の事柄が区別されなければならない。一方で、ドイツ再統一をきっ
かけとして新しい憲法を制定することの全く疑わしい必要性と、他
方で、いかなる政治的手続でドイツ再統一は成就すべきだったのか、
ということである。事実、今日、新たな憲法の必要性は、当時より
も不思議な気分にさせない。実際に、ベストの事柄も改良されるの

であるが、いかにしばしば基本法がドイツ再統一前に改正されていたか —— 35回もあった —— を考慮すれば、根本的に新しい憲法の必要性は認識することが難しかった。当時議論された憲法草案の多くの内容 —— 例えば住居や職場での社会的基本権の導入 —— は、西側の左翼的自由主義の憲法上の長期にわたる少数派の、東側によって憲法制定での多数派になろうとする試みほど、その際には原則的に新たなものをほとんど示していなかった。

それにもかかわらず、新たな憲法草案に取り組むことは、ドイツ再統一の事実上の経過が考慮しなかった原則的に正しい関心事を示していた。というのも、新たな憲法の草案は、国民の新しく統合される部分に全員によって共通して承認される秩序を提供しようという挑戦を真剣に取り上げていたからである。全ドイツ人による憲法制定 —— たとえ基本法の新たな施行であろうと —— は、統一プロセスの出発点で、今日まで我々には気楽にそうすることができないような、象徴的で政治的な団結を提供したであろう。それに対して、東西の間での条約の締結は、我々が常にまだ逃れられていない特別な精神状態の出現のようである。条約を互いに締結する2つの当事者は、まさに —— 2つの当事者として —— 象徴的なままである。共通の憲法を制定してもドイツ再統一のプロセスを根本的には変えることはなかったといったテーゼを憲法は明らかに過大評価している、といった異論が述べられるかもしれない。おそらくそれに賛同したとしても、その異議は、問題の核心をついていない。憲法は、民主的秩序がいかなるものかを規定するのではなく、民主的秩序がそれ自体いかなる要求をするのか、それ故に民主的秩序がいかにあろうとしているのかを規定するものである。条約の執行としてのドイツ再統一は、実際に共通の政治的秩序を始めようという関係者の要求がいかに弱々しかったかを示している。

目標なき連邦主義　連邦主義の展開も、連邦憲法裁判所によって
　　　　　　　　　　　ではなく、本質的に憲法改正の政治的プロセ
スや政治実務によって進められた。3つの展開が強調されなければ
ならない。1989年以前、それまでに決定された35回の憲法改正の
大部分は、連邦国家秩序に関連していた —— そして、それらは、い
つも同じように、ほぼすべてのラント —— しばしばバイエルン州を
唯一の例外として —— の犠牲の下で連邦の権限を拡張することに同
意した中央集権化の行為であった。1960年代でも、すべての政治
的党派において連邦による中央集権的な政治的統制への古典的な社
会民主的信念が広まっていた。ドイツ再統一の時点では、ラントの
立法権限は、本質的に、文化、教育、秩序法および地方自治組織の
問題に限定されていた。

　初めから、ラントは、確かに、その権限が残っている領域で緊密
に協働しようとする傾向を持っていた。例えば、放送法や学校法に
おける多くの重要な決定は、実際上、単独のラントだけで執行する
ことはできない。そのような決定は、すべてのラントの承認を必要
としている。他の領域では、独自の民主的形成のための意思は、異
なるラントで様々に強く特徴づけられた。最もよい場合、連邦秩序
は、異なった規制が十分吟味された経験的領域として用いられた。
最もひどい場合、多くのラントにおいて、ほんの小さな閣僚装置で
よい法律を完成させる能力を欠いてもいたことから、独自の形成に
対する恐れが優っていた。そのために、全体においてあるいは独自
の政治的陣営内部で取り決められていたし、取り決めている。再統
後の新たなラントでの多くのラント法律は、今日、西側の姉妹と
なる連邦諸ラントの立法のコピー —— しばしばひどいものであるが
—— のように読める。

　これに、連邦参議院の役割が付け加わる。既にみたように（前掲

第 1 部 3 の「中心的争点：制度と憲法理解」参照)、連邦参議院の導入は、議会評議会の議論において最も議論のあった要素の 1 つであった。1949 年に決定された秩序において、連邦の法律は、通常の場合、ラントによって執行されることになっている。その際に、法律がラントによって適用されるべき手続あるいは担当当局の組織を規律していたならば、連邦参議院の同意が必要であった。長い間、ドイツ連邦議会の多数派が連邦参議院の多数派とは異なる政治的方向性を持つことがあると、誰も考えていなかった。しかしながら、この状態は、シュミット（Schmidt）の時代に始まり、ヘルムート・コール（Helmut Kohl）の選挙によって中断したが、コール時代の後期に再び始まり、シュレーダー（Schröder）の選挙によって再び中断したが、同じようにその後期には再び始まった。基本法制定から 70 年間、大連立は、連邦参議院において独自の多数派にはなっていない。連邦参議院に有利となる同意要件は、時として無計画にも、連邦議会の多数派が単独では政治的に意味のある決定をなしえないようなある種の全政党政府へと発展した。しばしば引用される政治的ブロックは、第一に、連邦参議院のこの権限の結果であった。

　これら 3 つ — ラントの権限の消耗、連邦構造の絡まり、長く増大する連邦参議院の強さ — の展開は、1960 年代から議論されたが、ドイツ再統一後になってはじめて、政治的プロセスに、基本法の改正を熟考させるきっかけとなった。ラントの機能は、明らかに、考えられていたものとは違う展開になった。ラントは、独立した民主的統一体というよりも、むしろ強力な行政の主務機関であった。その政治的影響は、大部分において、連邦の政治の内部で行われていたのであった。

　これを変えるために、1994 年および 2006 年に、2 回の重要な憲法改正が可決された。それらは、再びラントにより多くの立法権限

を認め、連邦憲法裁判所の統制可能性を強化し、2006年の改革では連邦参議院の関与を制限しようとするものであった —— 最後の2006年の改革は、成功すると証明されたが、法律技術的に難しい大胆な企てであった。同意法律の数は、昨年度 (2018年)、明らかに減少した。同時に、政党状況のさらなる分裂は、連邦国家的構造への反作用となった。連邦参議院において、今やラントにおいて、統一的な意思形成を困難にする多くの様々な連立が組まれている。連邦参議院は、政府さらに反対派を代表していない。そのことによって、連邦参議院は、政治的影響力を明らかに失った。

　連邦主義の最近の展開は、連邦国家的パラダイムや、ドイツは何のために連邦国家であるのかという問いに対する明確な回答の欠如を示している。一方で、解体、再連邦化そして民主的理念としての責任の明確性が妥当していた。他方で、これらは、実務的に、しばしば受け入れられず、不透明な協働構造に有利になるよう弱めようとされている。典型的な実例が教育の領域での権限である。一方で、それは中心的にラントの権限として妥当する。他方で、この政策領域は、大抵の場合、ラントそれ自身によってではなく、協働的に実施されている。しかしとりわけ、この権限配分は、一般大衆において、評判が悪い。連邦的な多様性は、「継ぎはぎだらけの絨毯」あるいは「野生のまま」として妥当している。連邦の資金の約束によってラントの権限を空洞化することの禁止は、「協働の禁止」として価値が下げられている。デジタル化のような横断的権限は、連邦が優位に立つ共同体の課題として内容形成されている。

　統一化の要請は、基本法から取り出される「等価値的な生活関係の樹立」というしばしば用いられる定式において表現される。しかし、その定式は、大抵の場合、誤解される。その定式は、確かに基本法72条2項に見出されるが、それは、決して単一化の義務を示

すものではなく、一定の連邦権限の実施のための要件を示しているにすぎない。

　隠された中央集権化という意味はあるが不安にさせる傾向は、近年、財政制度の領域での基本法の重要な改正において示された。基本法は、今や、連邦およびラントにとっての負債の限界を規定しているが、ラントに対する規制は厳しく、その結果、ラントはますます連邦の起債に依存させられ得るようである。連邦によって財政充当されるプロジェクトの際に、具体的に実質的な基準を設定する連邦の可能性は拡張された。最後に、2017年、ラントが互いにその異なった財政力を連帯して調整していたいわゆるラントの財政調整は、誰にも気づかれることなく、広く公然と廃止された。それに代わって現れたのは、連邦の支援金である。すべての展開は同じ方向に向いている。結果的に、政治的に形成するラントの余地は、減退している。ラントの連邦への依存は大きくなっている。単一の権威的発展を阻止するために、様々な民主的プロセスを対抗的に進めていく連邦国家的な理念は、実際上放棄されてしまった。ラントがこれらの改正に全て同意したことは、連邦の側からの短期的な資金供給に有利となる長期間にわたる制度的な問題に対する注目に値する無関心を示している。

二重の自由喪失：基本権の縮減と国家目標

基本法の現実の改正に目を向ければ、連邦国家改革の向こう側に、2つの類型があることに気づく。すなわち、基本権の縮減と国家目標規定の導入である。結果的に、そのどちらもが、自己決定の喪失の原因になっている。

　「新たな」基本権を考案することは、そのための若干の例を既に見てきたように（前掲4の「1980年代」参照）、連邦憲法裁判所の仕事である。反対に、憲法を改正する立法者は、基本権を縮減するの

が常である。郵便・親書・通信の秘密について、憲法改正立法者は、
既に 1968 年に、裁判上の権利保護を廃止していた。それ以来、そ
のような介入は、その不十分な有効性が制度改革によっても修復さ
れないような議会のコントロール委員会によってコントロールされ
ている。基本権の章への第二の介入は、長々したルールにおいて事
実上同じように廃止された基本法 16 条の庇護権、そしていわゆる
「重大な盗聴攻撃」の導入によって同じように強く制約された基本
法 13 条の住居の不可侵の権利に関連するものであった。憲法規範
が偽りになるのは、長々とした言葉においてである。第一および第
三の事例において、連邦憲法裁判所は、許される改正可能性の限界
が憲法改正を行う立法者によって触れられていなかったか否かにつ
いて、少なくとも真剣に考えた。そして、「重大な盗聴攻撃」が可
能にするように、住居内部でもある人物を完全に監視することがそ
の人の人間の尊厳に触れるということが論じられた。

　このような改正がかなり厳しくすべての自由の領域に介入するの
であれば、憲法改正の第二の類型は、事実上影響のないものと思わ
れ、この理由から問題あるものとわかる。基本法は、その始原的
バージョンにおいて、若干の国家目標規定のみを判別していたにす
ぎず、それ故に、国家に一定の政治的目標を義務づける規制のみを
規定しただけであった。それが、基本法 20 条 1 項の社会国家規定
であった。通常の場合、国家行為の目標設定は、民主的な立法者に
委ねられたままである。1994 年、男女の同権そして環境保護とい
う目標が付け加えられた。両方の目標には、基本法で承認されるの
が相当であろうとされる実際に存在する政治的関心事が認識される。

　しかし、2002 年に基本法に動物保護が導入されることによって、
国家目標規定の最強の通俗化をめぐるある種の憲法政策的な底辺へ
の競争（race to the bottom）が発生した。今日、自身の関心事を伴

う基本法におけるすべての政治領域は、不朽のものにされようと欲している。文化やスポーツのような対象は、政治的議論において子どもの権利のように考えられている。それは、結果的にもはや子どもにではなく、親にほとんど権利を付与しないものである。ドイツ語という対象も同じである。しかし、ドイツ語教育のためのゲーテ・インスティテュート（Goethe-Institut）への財政充当あるいは青少年配慮のためのソーシャルワーカーの雇用とは異なり、国家目標規定は、「象徴的な」政策の古典的実例である。基本法にそれを導入した多数派は、なんらかの具体的なことは行わず、しかし何らかのコストは負担させることもなしに、政治的に重要なことのために行ったと自ら主張することができる。というのも、その定式化は、非常に抽象的であるために、はじめから裁判所あるいは行政にとって意味ある行為プログラムを含んでいないからである。結果として全く何も起こらず、またそれでよかった。というのも、国家目標規定の導入が具体的な結果を持っていたならば、それが非常に問題になったであろうからである。本来オープンに考えられるべき民主的プロセスは、今や、他のことではなく一定の関心をより重要なものとみなすよう義務づけられているようである。例えば、現実的問題や、民主制において優先的選好を変更する絶え間ない必要性、そして実際の政治的多数派から独立して、現行憲法によれば教育に対して動物保護を優先するよう義務づけてられているのである。有効な国家目標規定は、民主的な自己決定の喪失の原因となる。そのように、国家目標規定をめぐる議論において、同時に我々の政治的文化の多くの弱点が認識される。通俗化する憲法理解は、基本法の簡単な改正可能性のために広く展開され得るし、それは空疎な象徴的政治理解と結びつき得るのである。

基本法のヨーロッパ化　　　長い間、ドイツにおけるドイツ憲法秩序
のヨーロッパ化は、ほとんど議論されな
い領域であったが、最近になってはじめてそれが変わった。元々示
されていたコンセンサスに対応していたのは、国際的義務のための
基本法の原則的開放性であった。旧版の基本法 24 条は、連邦の立
法者に、「国際的機関に高権を委譲する」ことを認めていた。それ
は、連邦議会が単純多数決で権限をヨーロッパの、あるいは国際的
な機関に譲り渡すことができ、それ以降はその権限行使を放棄する
ということを意味していた。憲法の優位にとって非常に重要である
ように、形式的な改正が憲法のテキストの改正においても再び見出
せるということは既にみてきたとおりである（前掲第 2 部 3 参照）。
基本法は、このことを全ての改正のためにも指示している ── 基本
法 24 条が例外になるが。国際的、あるいはヨーロッパの機関への
権限の委譲は、基本法のテキストにおいて書き留められない。今日、
基本法のテキストを研究すれば、欧州連合の諸権限はもはやないも
のと考えられ、あるいはドイツ連邦共和国が自らのために単独では
行使できない任務の現状のイメージを得るために、ヨーロッパの諸
条約が持ち出されなければならないのである。欧州統合がこの叙述
の対象ではない。しかし、欧州統合が基本法の意味を決定的に修正
したことは明らかである。

　1980 年代まで、欧州統合は、ある種の目に見えない併存的法秩
序と理解されていた。それは、ドイツ法よりも優位を要求していた
が、そこでの規制が一定の権限の喪失まで基本法の内容に本質的に
触れないものであった。ヨーロッパ法は、欧州共同体のための組織
ルールから、そして、欧州共同体がとりわけヨーロッパの共通市場
の創設のために発した特に経済法的・環境法的規制から成立してい
た。欧州統合は、一方で、構成国の共通の政治的決定によって執行

されたし、他方でヨーロッパ規模で行動する市民の訴えについて決定を下す裁判所によって執行された。ヨーロッパ内部で行動し、移動しようと欲していて、その際に国内法上の制約にぶつかる者は、それをヨーロッパ法の基準によって審査してもらうことができる。そのような者が訴訟で勝訴すれば、そのことによって彼はヨーロッパ法に新たな規制領域を開いたことになる。ヨーロッパ化のこの段階は、基本法だけでなく、連邦憲法裁判所もその傍らを十分に通り過ぎるだけであった。国内の下級裁判所は、連邦憲法裁判所の決定を待つことなく、欧州連合司法裁判所に法的問題を移送する権限を有している。確かに、連邦憲法裁判所は、基本権の基準でヨーロッパ法を審査することを留保していたが、この留保は、ほとんど実務的な意義を持っていなかった。

　統合プロセスのこの認識は、マーストリヒト条約によって、1992年から変化した。欧州共同体・欧州連合は、市場統合を広く超え、外交・内務政策をも包含した新たな権限を得た。マーストリヒト条約のために、基本法は多くの個所で改正されなければならず、欧州統合の正当性についての、そして欧州連合のメンバーとしてのドイツ連邦共和国の主権についての問題がより差し迫ったものとなった。もっとも有名な決定の1つにおいて、連邦憲法裁判所は、マーストリヒト条約を審査し、それを有効と確認したが、同時にドイツ連邦共和国の主権の守護者として、将来の統合段階を、それが憲法改正に必要な多数者によって決定されているか審査することを留保した。この判決は、少なからぬ政治的効果を持った。それは、例えばポーランドやイタリアのような他の統合に懐疑的な国内憲法裁判所を勇気づけるものとして、そして欧州連合の権限をあまりに寛大に解釈しないようにとの欧州連合司法裁判所に対する警告として用いられた。誰が欧州連合内部で最終的な決定権限を持っているのか、欧州

連合司法裁判所か国内の憲法裁判所かという問題は、この論争の範囲で、学問を煩わせた ── 推測として問題を単純に誤って提起するものもあれば、またしても裁判所の政治的意義を過大評価するものもあった。

　しかし反対に、欧州統合に限界線を引こうとする連邦憲法裁判所の正当性が問題とされ得ることもあろう。憲法を改正する民主的多数派が統合の追加的段階を欲するならば、連邦憲法裁判所は、それに基本法 79 条 3 項という改正を確定する規範の最高に取消し可能な解釈だけを対置できるにすぎない（前掲第 2 部 3 参照）。結局、欧州統合の政治的プロセスは、むしろ政治的抵抗によって、しかし確かに基本法を援用することによってではなく阻止されている。基本権の守護者としてのその役割を、連邦憲法裁判所は、そのことによって喪失してはならない（後掲第 5 部 2 参照）。

◇第4部◇ 文化としての基本法

　文化というキーワードの下で、この第4部では、直接には基本法の法学的な機能には関連しない3つの現象を検討しようと思う。その3つとは、ドイツ連邦共和国の政治的文化にとっての基本法の意義、基本法の理解への法学の貢献、そして、外国での基本法の受容である。

1 憲法パトリオティズムと憲法民俗学

　1979年5月23日の基本法の30周年のために、フランクフルター・アルゲマイネ紙（Frankfurter Allgemeine）において、ハイデルベルクの政治学者ドルフ・シュテルンベルガー（Dolf Sternberger）の論文が、「憲法パトリオティズム」の見出しで発表された。シュテルンベルガーの議論の出発点は、ドイツの東西分割であった。ドイツ連邦共和国の秩序のためにドイツの国民国家なしでもパトリオティズムのようなものを感じることが考えられただろうか。世界に開かれたリベラルな保守派で、ヘルムート・コール（Helmut Kohl）の博士主査であったシュテルンベルガーは、基本法の中に1つの考え得るパトリオティックな感情の対象を発見した。「国民感情は傷ついたままである。我々は完全なドイツで生活しているわけではない。しかし、我々は完全な憲法の下で、すなわち、

完全な立憲国家において生活している。そして、それは、それ自身がある種の母国である」。シュテルンベルガーが後に洗練した議論は、もとより歴史的な先駆者、すなわち、1871 年にドイツの国民国家を建国する以前のドイツ・パトリオティズムを援用した。シュテルンベルガーはそのようにして、パトリオティズムは国民国家を必要としないという 1 つのテーゼを打ち立てた。それは、現在、欧州統合を目の当たりにして、再び関心を引き起こすことになり得る。

　「憲法パトリオティズム」という概念は、ユルゲン・ハーバーマス（Jürgen Habermas）によっても取り上げられた。彼は、その概念に抽象的な哲学的方向性を与えた。ハーバーマスによれば、基本法のような自由な憲法は、それが自らによって組織化する主体の承認を可能にするために、そしてその限りで、同一化（Identifikation）の役に立つことになる。ハーバーマスは、それ故に、憲法パトリオティズムを、何が自らに規範的承認を供給するかを評価する理性の産物と解釈した。憲法パトリオティズムの理念のこの変種がはじめて、ハーバーマス的な「国家の忘却」、そのうえ特にドイツ再統一にハーバーマスがほとんど関心を持っていないことで気分を悪くした保守的な国法学者の鋭い異論に出くわした。まさに論争的な国法学者の批判は、確かに既に達成された水準の下にあり続けた。具体的な歴史的経験が必要となるところで彼が抽象的で理論的なコンセプトを提供しているとするハーバーマスに向けられた非難は、たとえ彼のかつての定式化がその非難で全く傷ついていないわけではないとしても、本質をついていなかった。「西側にとって疎遠ではない唯一のパトリオティズムは、憲法パトリオティズムである。確信に根付いている普遍主義的な憲法パトリオティズムとの結びつきは、ドイツ人による文化国民においては残念ながらアウシュビッツの後に ── そしてそれによって ── はじめて形成することができた」。

事実、普遍主義の指摘は、他のものとの比較において1つの秩序の
あらゆる特殊性を排除することができた。しかし、憲法パトリオ
ティズムは、民主的な法治国家の理念との連結性だけをそのような
ものとして特徴づけなければならないわけではなく、むしろ一定の
自由な憲法に、「リュート判決」のような一定の判決に、権利保護
の保障のような一定の特別な制度に、基本法を制定し、それに配慮
していたシュミット（Schmid）やフォン・マンゴルト（v. Mangoldt）
のような一定の人物に、あるいは、我々が基本法と結びつけるボン
のケーニッヒ博物館のような記念の場所に向けられることもできる
のである。憲法文化のこのような諸要素が記憶しておく値打ちのあ
ることだというのは、実際に、規範的論拠以外のことで正当化する
ことはできない。それに対して、よりによってパトリオティズムと
いうドイツのコンセプトが、強い連邦的伝統や後の国民国家の建国
に鑑みて国家という概念になぜ依拠しているのかということは、
ハーバーマスによって体系的に、シュテルンベルガーによって歴史
的に疑問視され続けている。国内秘密情報機関を旧東ドイツとは異
なり国家情報機関とせず、憲法保護機関と名付けているドイツ連邦
共和国にとって、憲法との接続は特に重要である。偉大な社会民主
主義者で法政策学者のアドルフ・アルント（Adolf Arndt）が確認し
たように、「民主制において、国家には、その憲法が成立している
こと以上のものは存在しない」、ということである。

　これらすべてが憲法パトリオティズムに役立つのであれば、問題
は、ドイツ連邦共和国の政治的文化の中でそのようなものの痕跡を
探求する際に始まる。アメリカ合衆国の憲法の誕生地であるフィラ
デルフィアを訪れる者とは反対方向へと向かって、ポピュラーな憲
法民俗学が当地では空しく探求されるにすぎない。注目に値する非
民主的な現象をそのようなものとして示す大学入学資格授与の式典

(Abiturfeier) のために基本法の見本が手渡される向こう側で、高学年の生徒にとって憲法は何かそのようなもの（大学入学資格取得のシンボルのようなもの＝井上）にすぎず、さらに、連邦憲法裁判所にとっては「カールスルーエ」という隠喩がつかわれるために基本法とのポピュラーな関連を欠いているのである。いずれにしても、今や、政治的な象徴性がドイツの政治的文化の強い側面であるわけではない。すでに非感傷的に進行したドイツ・マルクの廃止は、高度に象徴的な内容を持つ他の制度も結局はほとんど愛着を生み出さなかったということを示した。それにもかかわらず、このような状態が望ましくそして修正できないものなのか否かについては検討されなければならないだろう。伝統そのものが知覚され得る場合、しかし、基本法については、一定の伝統を、すなわち、ヴァイマル国民会議や議会評議会での憲法制定の歴史（前掲第一部 3 の「ヴァイマルの伝統の取扱い」参照）を思い起こすことだけが重要とされたにすぎなかった。

◆ 2 国 法 学

　長い間、国法学は、特にアカデミックな学問分野として、実務的、いずれにせよ裁判所の決定と結びついた学問ではなかった。今日まで、我々の多くの国家法のカテゴリーがそこに由来する 19 世紀、国法学の問題は、裁判手続の対象にはほとんどならなかった。国法学は、現存する政治的制度を記述し、歴史的で比較しながら研究を行い、法命題の展開に際しての概念的一貫性を得ようと努力してきた —— それ故に、実務との関係をほとんど持っていなかった。国法学は、まさに若い学問分野であり、それは、非常に古く概念的に成

熟していた私法学によってはじめて徐々に承認され得るようになっていった。19世紀の終わりになってはじめて、国法学という学問は、一定の方法論的な独立性を展開したのである。政治的には、その学問分野は、現在に至るまで際立って保守的であり続けた。第二帝国において、国法学上の概念形成は、議会の権力要求に対する君主の支配の保障に奉仕していた。ヴァイマル共和国において、多数の国法学者は、代替案の観念を展開することができずに、新たな議会主義的秩序に懐疑的で、また否定的にまで対立していた。1933年以前、たとえ国家社会主義の信奉者であった国法学者が非常に散発的にしかいなかったとしても、国家社会主義に適合する準備があっただけではなく、国家社会主義に密接に結びついて協力する準備も広がっていた。

　その学問の多数となる反議会主義的志向性に、ドイツの国法学がまさに19世紀初期からヴァイマル共和国の終焉までの国際的に最も意味のある時代に、多くの学問的で制度的な問題に寄与し得た構成的貢献が対置する。ハイデルベルクの国法学者であったゲオルグ・イエリネック（Georg Jellinek）は、社会学者のマックス・ウェーバー（Max Weber）や神学者のエルンスト・トレルチ（Ernst Troeltsch）の重要な対話パートナーとして、彼らの時代の最も前進的な支配理論の議論に参加していた――そして、彼の「一般国家学」や多くの個別的研究によってそれに貢献していた。ヴァイマル共和国憲法は、その今後も過小評価される形式を、偉大なベルリンの国法学者ヒューゴ・プロイス（Hugo Preuß）に負っていた。オーストリアでは、20世紀の最も重要な法理論家であるハンス・ケルゼン（Hans Kelsen）が憲法裁判のモデルを展開した。そのモデルは、今日多くの秩序において、もちろん基本法の秩序においても実現されている。彼の弟子のアドルフ・メルクル（Adolf Merkl）は、段階

構造理論によって、憲法の優位という首尾一貫した理論を創り出した。ヴァイマル共和国の時代は、国法学の本来的に全盛の時代であった。ハンス・ケルゼンやヘルマン・ヘラー（Hermann Heller）、ルドルフ・スメント（Rudolf Smend）、カール・シュミット（Carl Schmitt）のような人物が、政治的支配の正当性の適切な概念や、独自の学問の正しい方法論をめぐり論争していた。この議論の幻影は、ドイツ連邦共和国における論争をも支配していた。同時に、彼らは、その専門の、国際的にも大抵知られるようになったドイツ人の論者であり続けている。

　基本法の成立に際して、ほんの少数の国法学者が重要な役割を果たしただけで、学問の影響は限定的なものと証明された。カルロ・シュミット（Carlo Schmid）やヘルマン・フォン・マンゴルト（Hermann von Mangoldt）は、議会評議会での２人の重要な国法学者であった ── 特に、思いがけず彼の政治的弱点にもなったのは、なんとなく押しつけがましい彼の教養のようなシュミットの学者ぶった強さであった。

　基本法の施行によって、しかしとりわけ連邦憲法裁判所の活動開始によって、既にヴァイマル共和国において始まっていた発展が加速した。国法学は、とりわけ憲法や行政法に関する裁判上の決定の劇的な増加に取り組まなければならなくなった実務的学問にますますなっていった。国法学という学問は、本質的な部分において、連邦憲法裁判所の判例の ── しばしばまさに無批判な ── 顧客へと展開していったのである。ベルンハルト・シュリンク（Bernhard Schlink）が批判的に「連邦憲法裁判所実証主義」と特徴づけたものが誕生した。それによって同時に、国法学は、第二帝国において、しかし特にヴァイマル共和国においても際立っていて、さらに1950年代から1960年代において偉大なプラグマティズムを国法学

において支配していた高度な理論的水準にあった多くのものを失った。国家論は、政治ではないかとの疑い —— その教義は政治を考察するものになった —— の下にあり、それが一般的な印象であった —— 既にもはや得るものはほとんどなかった。それでもやはり国家論的な取り組みが存在していたとすれば、それは、ヴァイマル時代の2人の立役者、ルドルフ・スメントとカール・シュミットの痕跡の結果として出てくるものであった。他の2人のヴァイマル時代の偉人、ヘラーとケルゼンという社会民主主義者、あるいは社会民主主義と懇意な関係にあった2人のユダヤ人は放逐されていた。その1人であるヘラーは早くに亡くなっており、もう1人のケルゼンは周り巡ってアメリカ合衆国で生存していた。それに対して、シュミットとスメントは、戦後すぐにドイツにおいて、特に基本法との関係において区別される影響力のある学派を形成し得た。社会とは共通の存在ではないとされる強い国家を信奉するシュミット学派は、基本法を、不愉快な暫定措置と、利益集団や道徳化した裁判官の獲物となった結局は弱い非政治的な形成物と考えていた。民主的な多元主義は、彼らの国家理解と対置された。まさに進行していた連邦憲法裁判所の基本権判例は、彼らによる鋭い批判に出くわしたのであった。それに対して、ヴァイマル時代には議会制民主主義に好意的ではなかったスメントは、彼の古い共同体主義的な憲法理論上の諸概念を、多元主義的憲法理論に作り替えた。そこでは、連邦憲法裁判所が社会統合のファクターとして突出した位置を占めることになった。スメント学派にとって、連邦憲法裁判所の方法論、すなわち、基本権を価値と同一化することや衡量に突出した意味を持たせることは、彼らを積極的に指導し、方法論的に洗練することのできる発展であった。そのために、ドイツ連邦共和国の憲法への彼らの影響は、非常に大きなものであった。

　基本法の下での国法学という学問の独自の業績は、理論的モデルの立案において、立法や判例の詳細で体系的な貫徹においてほど存在していない。それ故に、それは、ヨーロッパ大陸の法学者が「ドグマーティク」と特徴づけるものになる。決して見渡すことができないほど多くの教科書、基本法コンメンタール、判例評釈、モノグラフや論文において、ドイツ国法学は、国家法の個別問題を分析し、分類した ── それは、ドイツの法学が外国において羨ましがられるほどの編纂の密度を持っているのである。

　この特異性は放棄されることはないだろう ── しかし、現代風にすることは国法学にとっては困難であるということも認められる。このことは、おそらく、方法論的な進歩の遅滞とはほとんど関係しない。というのも、近隣の社会科学や精神科学への国法学の関心が小さいわけではなく、一定の規則正しさで成長していたからである。それは、制度的な要因とより強く関連している。第一に、その教義は、社会的勢力と非常に接近して動いている。国法学者は、鑑定意見書を書き、プロセスを指導し、一定の官職を占める ── そしてそのことによって、本来安全な学問的距離をもって分析すべきはずのプロセスに強く巻き込まれているのである。まさに連邦憲法裁判所については、長い間、制度的分析を欠いている。第二に、法学者の国家試験が学問を実務に非常に密接に結びつけている。新たなテーマを研究する者は、それを非常に限定的にしか勉強できない。というのも、新たなテーマが簡単には国家試験の対象にはならないからである。その試験の内容は、司法省の監督の下にあり、教育・科学省の監督の下にはない。そのために、試験制度において、細かく区分けされた区裁判所裁判官の視点が、教義を支配している。しかし、革新的な学問は、国家試験に適合的でない問題とも取り組まなければならない。結局は、教育を受けさせられる法学者の知的福祉のた

めにである。法システムにおける教義の大きな実践的成果にとっての代償は、独立しオリジナルの学問性の喪失である。

◆ 3　外国での基本法

　基本法は、世界的規模で注目され評価されている憲法の1つである。そのための理由は2つある。第一に、基本法は、ポスト全体主義の憲法の1つを提示している。議会評議会は、民主的法治国家の新たな構想のために、国家社会主義における政治から解き放たれることが何を意味しなければならないかという問題に取り組まなければならなかった。しかし、この問題は、第二次世界大戦後に、そして再び1989年の後に多くの他の国家のためにも提起された。というのも、全体主義的あるいは権威主義的経験を持たずに絶え間ない民主的発展を伴う秩序が、国際社会では例外的なものであるからである。逆に、基本法の秩序とは異なり、弱い、あるいは憲法裁判なしで折り合いをつけているのは、古い民主主義国である。ヨーロッパでは、スカンジナビア諸国、フランス、英国そしてオランダである。他の国々にとっては、若い民主主義、すなわち基本法ならびに連邦憲法裁判所の判例もまた、比較的影響力のある志向ポイントであった。

　基本法の国際的成果の第二の理由は、さらに遡ることになる。基本法の受容は、ある程度、特に19世紀のドイツ私法の国際的評価に遡るドイツ法文化についての非常に古くからの価値評価に活力を見出す。したがって、世界の多くの国、とりわけラテンアメリカやアジアの国々では、ドイツ法文化は、模範的、そして、コモンウェルスやアメリカ合衆国の政治的影響による英語の普及を通じて非常

に強い制度的な留保を必要とするアングロサクソンのコモン・ローという文化とおそらく比較可能なものと考えられている。特に、他の法秩序においては、様々な受容学派が互いに競合している。ギリシャではフランス学派とドイツ学派が、日本や台湾ではアメリカ学派とドイツ学派が競合しているのである。

　ドイツ憲法の強みは、その際に、まさにアメリカ法との比較において、より高度な概念的貫徹性と、政治化の希薄さにみられる。法概念への体系的取り組みは、政治的に刻印づけられる解釈を中立化するであろう。同時に、ドイツ憲法は、他の憲法秩序にとって興味深くなるであろう多くの制度的イノベーションを知っている。これは、特に、私法をも共に包み込む客観的な基本権理解に、比例性審査のドイツの形式に、基本権保護の共同体的諸要素に、多数決選挙と比例代表選挙を組み合わせた選挙法に、あるいは宗教団体に明示的に公的役割を提供する宗教法制に妥当する。特別な好奇心を刺激しているようにみえるのは、反議会主義的で全体主義的な過去に対する反応において成立した諸制度である。

◇第5部◇ 挑　戦

◆ 1　法の支配と国民の支配

　民主的法治国家において、国民は、法という手段によって支配する。しかし、国民とは誰か、そして法とは何か。この問題は、最近の政治的展開、すなわち権威主義的な政党の大きな成功に鑑みて、基本法にとっても新たに提起されている。基本法の答えは、70年たった今もそれ自体からは何もわからず、おそらく今後もほとんど出てこないだろう。

　法治国家性は、第一に、すべての国家行為を法という形式の基準に包括的に拘束し、この基準を独立した裁判所によってコントロールできるようにすることを特徴とする。しかし、法治国家性は、国家が違法に行為しないだろうということを意味しない。国家が違法行為をすることは、統制があることによってまさに前提となっている。あらゆる違法な地位に対して直ちに対抗措置がとられなければならないということも意味しない。まったく逆に、違法判決と執行との間に緩衝装置とフィルターを組み込むことは、法治国家にとってまさに典型的に思える。税金を支払っていない者は、直ちに執行されるのではなく、支払い猶予の申立てをすることができる。違法な建造物を建てた者は、自動的に、それを取り壊す義務を負わされるわけではない。違法にドイツに滞在している者は、直ちに国外に

退去させられるのではなく、場合によっては滞在を我慢してもらえることもある。違法と執行との区別は、弱みの徴表ではなく、全く逆である。その秩序は、損害を最小限にするために、あえて違法の様々な効果を提供することができる。強制執行される税の未納者は、それによっておそらく破産させられ、もはや税を支払うことができなくなる可能性がある。強制退去させられる者は、労働市場での、そして自分が馴染んでいた社会環境に欠落があることを言い残していく。

　政治的プロセスが適用においてそれを無視するところでのみ、法が支配する。そのために、その制度的核心は、裁判官の独立性にある。裁判所が制裁や公的圧力に邪魔されずに決定を下すところでのみ、法は支配する。独立した裁判所より事件をより良く決定できると主張する政治家は、法治国家との決別を述べたことになる。

　法の支配は、民主的な意思、基本法の場合、ドイツ国民に還元される規範の支配として正当なものとなるにすぎない。この国民は法学上の構成物であり、それは特に国籍（Staatsangehörigkeit）の規制によって作り出されるものである。国籍は、立法者の政治的決定によって内容形成されたもので、民族への帰属性と何ら関係するものではない。人種的な国民概念は、基本法によって類型的に排除されている。それを主張する者は、もはや自由で民主的な基本秩序に基づくものではない（前掲第2部2の「すべての人間は法の前に平等である」参照）。基本法の秩序では、国民は、そのうえ、均質の主体でもない。国民は、連邦国家における様々なレベルによって、ならびに選挙法の内容形成や議会の決定ルールの様々な可能性によって多様に構成される。これらの手続の背後に、「本来的な」国民というものは見出されない。それが国民の自由で平等な参加の基準を充足している限り、異なったもののようにみえることが可能であろう

こEも、あらゆる種類の決定にとって、国民投票にとっても構成物
になる。それ故に、民主的に要請されているのは、すべての国家の
決定をそのような手続に還元することである。閉ざされたそして静
的な国民概念を前提にすることは民主的ではない。まさに民主制に
おいては、国民は、不確かな変数であり続ける。民主制の実務は、
国民を再三にわたり新たに異なるように見つけ出すよう努力するこ
とにある。国民概念についての最終的な確実さを決定するところで、
民主制は終焉してしまう。

　権威主義的な運動や政党との対決において、それ故に、民主制と
法治国家は、対立的に作用するわけではない。法が政治的プロセス
に形式を提供するところでのみ、民主制が一般的に存在する。

◆ 2　公共の安全と憲法の保護

　基本法は、初めから、政治的な過激派との対決を準備していた。
これは、ヴァイマル時代の経験からの多くの教訓の1つであろう
── たとえ再びヴァイマル時代の法状況を過小評価するものであっ
たとしても、である。憲法機関の申立てに基づき政党を連邦憲法裁
判所に禁止させるという明示的に規定された可能性によって、基本
法は、政党が秩序そのものを廃止しようとして政治的プロセスを停
止することに対応している。憲法改正の基本法に規定された実質的
限界と共に、憲法は、政治に絶対的な限界を画定している（前掲第
2部3参照）── 結局、1933年のナチスの権力掌握のような、その
合法性において不確かな出来事を阻止するために、である。連邦憲
法裁判所は、1950年代に、2つの政党、すなわち国家社会主義的な
ドイツ社会主義帝国党（SRP）とドイツ共産党（KPD）の禁止決定

を行ったが、その後はもはや禁止決定を下していない。ドイツ国家民主党（NPD）に対する最初の禁止手続は、2003年、諜報職員によるその政党への潜入が行われたことがもとより問題となった不確かな事実状況のために失敗した。2回目の禁止手続は、2016年、連邦憲法裁判所の視点からは禁止を正当化できないような、その政党の不十分な政治的意義という点で失敗した。このような判断が、政党と、現代の右翼過激派を特徴づける過激な社会的運動の協働に適切に対応し得るのかと考えられている。

　この点から、法という手段によって政党政治上の過激派と戦うという基本法のコンセプトは説得力を持っているのか否かが問われることになる。少なくとも、禁止された政党の支持者はどうすればよいのか —— そして、政治的な対決が禁止手続によって事実上簡単に解決されるのか否かについては、未解決のままである。別の表現で示せば以下のようになる。過激派政党が小さく、あまり重要なものでなければそれだけ、禁止手続はますます不適切なように思われる。しかし、その政党が大きくそして効果をより大きく示すことになればそれだけ、禁止が過激派の理念によって多くの人の政治的な動きという問題を簡単には排除しないのではないかという問題がより差し迫って提起される。知覚的に公の場所での過激派のデモの禁止の場合と同じように、政治的過激派は、法によって確かに大衆に対して不可視的になされるが、確実には処理されない。

　政治的過激派は、過激派政党でだけ発生するわけではない。1970年代のテロ以来、我々は —— 他のヨーロッパ諸国の人々と同じように —— 異なった形式を知っている。ヨーロッパ大陸の市民やその法秩序にとって、2001年9月11日は、アメリカ人ほどには未曾有の経験ではなかった。赤軍派（RAF）という左翼過激派との経験は、特に、彼らの自由の主張を断念させることなく、民主的法治国家が

暴力的なテロと戦うことができるということを示している。この時代、若干の残っていた自由の制約が導入されたということは忘れてはならない。すなわち、被拘禁者と刑事弁護人との間の接見制限のための規制や、刑事法の拡充である。しかし、警察国家へとなり下がってしまうことについては、決して語ることができないでいた。

　今日は状況が違うのだろうか。少なくとも、今日、状況は見渡すことがより難しくなっているように思える。2001 年 9 月 11 日以後、警察や諜報機関の権限は、明らかに拡大している。警察法は、こっそりと、基本法によっては意図されていない中央集権的なものになってきている。連邦国境警備隊から連邦警察が創られ、連邦刑事局は、情報収集機関からゆっくりと活動的な機関へと変化している。継続的に、両方のものは、制度的により強く互いに結びつけられている。ドイツ連邦議会による諜報機関のコントロールは、決して矛盾ない見解によると、改革にもかかわらず効果的ではない。盗聴された電話通話の数は、国際的比較において大きい。検察庁あるいは警察の申立てに基づく捜査措置についての裁判官の命令は、外見上、しばしば非常に素早く付与されている。

　連邦憲法裁判所は、長い間、この展開において中心的な役割を果たしている。安全に関連する国家の措置が取り上げられる決定の数は、驚くほど多い。これは、基本法上の諸制度が機能していることを証明している。しかし、すべての上述の問題が、憲法裁判の決定によって解決され得るわけではないことも明らかである。議会の、そして裁判上のコントロールの改良は、政治的意思を必要とするが、その意思は憲法を取り換えることはできない。近年の安全法の領域での立法手続を眺めれば、それは、連邦憲法裁判所の決定に寄り添って依存しているように思える。まさに憲法上認められることの連邦憲法裁判所によって定義づけられている限界が、政治的基準に

なっている。公安当局に政治的に意図されている自由保護という意味で憲法上許されているよりも小さい権限を付与することは、政治的には、それが役立たないと分かった時に警察権限を後に取り消すという方法ほどには時宜に適っていないように思えるのである。それが役に立つか否かという経験的な問題は、確かに通常、十分なデータを欠いているために答えることができないものになる。

　基本法は、これとの関係で自由と安全の間の喜んで呼び起こされるような矛盾を知らない。安全は自由に奉仕するが、それは自己目的ではなく、別の関係において、自由のために安全でない状態を期待することは自明である —— 例えば、労働市場におけるように、である。とりわけ、公安当局のコントロールのためのより良いはずのメカニズムがそのコントロールを効果的にほとんどしないだろうとする普及している見解は疑わしい。国家行為の不十分なコントロールには、基本法上いずれにしても選択肢がない。しかし、国家行為の法治国家的制限が効果的にもし得るであろうということについての意識は、政治的領域で広く不足している。

　しかしながら、憲法が可能にしていることにも限界が示されるというこの批判的所見は、その側から2つの相対化が必要になる。なぜならば、他の民主的国家との比較において、基本権への介入がまだ穏健なように思えるからである。これは、ドイツが政治的にはテロとの戦いに際して比較的強く自制的であるということと関連しているのかもしれない。連邦諜報局の官吏は、同じようにそれに従うだけで、中東では拷問で苦しめられているとメモするだけである。しかし、基本権の相対的に良好な状態は、基本法上保障されている権利保護の広さと何となく関連している。それは、基本権の脅威に直面して単純法律上の例外を規定することを、他の民主的国家とは異なり認めていない。

　批判の第二の相対化は、2つの全く異なる発展、テロとの戦いとコミュニケーション行為の変遷が事実上重なることから生じる。テロとの戦いの必要性とは完全に独立して、犯罪上のコミュニケーションは、あらゆる他のコミュニケーションと同様に、ますます電子的メディアにおいて展開されている。住居を捜索したり、電話通話を盗聴することを可能にするだけではなく、Ｅメールを監視したり、ハードディスクを捜索することができるようにするような、この発展に対する法秩序は、後追い的であるということで首尾一貫しているようである。コミュニケーションのこの形式にも基本権が適用されるということ —— そして実際にそうであるが —— は、警察権限のこの拡張を、基本権上の自由の体系的空洞化として、社会の変遷への法の通常の適合のようなものより以上の効果を持つことになる。

　政治的過激派が社会の中心で広がって行けばそれだけ、国内の安全や憲法保護の概念について、より強く考えられなければならない。さらに、リベラルな民主的秩序が制度的に守るものについての包括的な視点が必要になる。改造された連邦国家性の弱体化（前掲第3部4の「目標なき連邦主義」参照）、法治国家的形式についての知識の欠如（前掲1参照）、公的行政におけるデジタル化されたモノカルチャーの創設、あるいは公立学校での社会的多様性の喪失は、民主的法治国家の現状を問題提起し得るパラメーターである。これらの議論が互いに分離され、専門の問題として取り扱われるならば、全体の危殆化には反応するのが非常に遅くなるだろう。

◆ 3　宗　教

　既にみたように、宗教の役割は、基本法成立に際して論争ある問題に属していたし（前掲第1部3の「中心的争点：制度と憲法理解」参照）、それが数十年間論争の周辺にとどまっていた後に、かなり以前から中心的な問題になっていた。重要な問題は、その際、基本法において全く新しく規制されず、むしろ新たな憲法は、ヴァイマル共和国憲法の古い規制をその最後の章（基本法140条）で継受したのであった。この古い規制は、ヴァイマル国民会議において、新たな共和国の要請と、若干のドイツの領域においてキリスト教教会が占める崇高な役割との間のそこで激しく議論されたことの妥協として決定されたものであった。それらは、一定の宗教的共同体に際立った公的地位を認めた。今日、基本法の宗教法制は、一方で、この始原的にはキリスト教教会用に加工された規制と、他方で、基本権の章の個人の宗教の自由から成っている。

　憲法制定においてもいかに多くの意見の不一致が支配していたかということを、1つの問題において、基本法は明らかにしている。基本法は、宗教に、明示的に公的領域での役割を与えている。宗教の自由は、ドイツの憲法において、1つの私的事象であるだけではない。宗教の公的役割は、公立学校において最も明確に示される。そこでは、基本法によると、宗教的共同体そのものによって組織化されるべき宗教教育が、正規の教科として授業され得ることになる。それ以上に、憲法は、宗教的共同体に更なる要請を行っている。すなわち、宗教的共同体は、公法上の社団という地位を引き受け、国家と協働してそのメンバーに対して教会税を賦課・徴収し、連邦国防軍内部で信者のために魂への配慮を組織することもできるうえに、

公立大学における独自の学部で宗教的共同体の宗教の講座を設置することもできる。学校や法廷といった公的領域で宗教的シンボルを提示することも、基本法によって原則的には排除されておらず、むしろ、個々人がそのことによって自己の宗教の自由を侵害されたともっともらしく思わせることができる場合に初めて限界に達する。それにもかかわらず、伝統的に公的領域で存在していた宗教に対する敬意と、政治的プロセスによって新たに組み込まれた宗教とは区別されることになる。国家は、キリストの十字架を設置したままにしておくことができるかもしれないが、新たな十字架を取り付けるならば、その場合には、伝承されたシンボルであろうと、純粋に宗教的なシンボルであろうと問題にはならない。

　基本法は、宗教と国家の厳格な分離をいずれにしても知らない。それに代わって、基本法は、協働の形式で、原理的にすべての宗教に開かれたレパートリーを提供している。この協働することへのアクセスは、その起源において、ドイツのプロテスタントの、伝統的に非常に広がっていた国家への接近のおかげであった。しかし今日では、それに別の正当化理由を提供することができる。たとえ自ら国家化するという危険がキリスト教教会においてしばしば存在しているようにみえたとしても、宗教の国家化が問題なのではなく、宗教による世俗の意味の要求に１つのフォーラムを提供し、そのことによって、たとえ宗教がそれを欲しているとしても、宗教がそこから利益を得ることができるような公的議論 —— 神学の場合、学問的な議論 —— の基準であることを宗教に辞めさせることが重要になるのである。

　ここで確かに、問題が始まる。というのも、たとえ上述の協働の提供がすべてに開かれているとしても、それは、事実上、国家と構造化された関係に入る状況にまずあるような安定的に定義づけられ

た組織によって宗教的共同体 —— したがって、結果的にキリスト教
教会 —— を優遇することになるからである。そして、事実上の不利
益を意識された差別から区別することは必ずしも容易ではない。特
にドイツではイスラム教の不統一のために教科としての教育の組織
化が停滞していることから、公立学校でイスラム教の宗教教育を提
供することが実際上非常に困難であるとすれば、それは、事実上の
不利益が問題であって、差別が問題になるのではない。国家は、こ
こで支援することができるが、結局は宗教の自己組織化を補完する
ことはできない。しかし、エホバの証人に社団としての地位へのア
クセスを拒否するために、あるいは公立学校において女性教師に修
道女の衣装を身につけることを認め、イスラムのスカーフを身につ
けた女性教師を公立学校から遠ざけておくために、基本法の秩序が
「キリスト教の遺産」とあっさりと同一視されるのであれば、差別
への敷居は超えている。そのために、全く時代遅れのように感じさ
せるドイツ法が、宗教界が多元的であり、かつ過激にもなっている
時代のすべてのその伝統的な協働の形式で推し量られるのか否かが
問われるであろう。これらすべての制度は放棄され、宗教の自由の
保障に限定すべきなのであろうか。しかしおそらく、その逆であろ
う。協働の形式の広範な提供は、すべての宗教に、公的生活に関与
する —— そしてそのことによって自らの側でさらに発展していく
—— 可能性を開いている。国家が、自らを宗教と新たに同一化する
ことなく、この公的領域を保護する限り、これは、前途有望なモデ
ルであり続ける。

◆ 4　民主的公共圏

「すべての国家権力は国民に由来する」。しかし、国民が欲することを知るために、いかにお互いにコミュニケーションを取るだろうか。基本法は、既にみたように（前掲第2部2の「政党は国民の政治的意思形成に協力する」参照）、政党に、民主的意思形成に際して際立った役割を認めている。しかし、民主制は、政党の活動に限定され得るわけではない。民主制は、公的意見形成の一般的な形式を必要としている。自由な民主制において、そのような公的意見は、自らで、そして下から形成されるべきであろう。みんなが語ることができるならば、みんなが意図していることは、この民主的公共圏を創造する。マスメディアの誕生によって、このリベラルな観念は、第一次世界大戦以前にすでに、その自明の事柄の多くを失っていた。リベラルな民主制において、当時は巨大な新聞社が、今日ではデジタルのメディア企業が、国家よりも、その伝搬力によって意見の自由を疑問にしてしまうことができるようにみえる。基本法の起草者は、そのために、市場の不平等と同様に政治的影響力から同程度に独立すべきような放送局 ── 英国の BBC を模範として ── を創ることに重きを置いていた。そこで、我々の公法的放送局、すなわち国家により設置され、強制的な受信料によって財政充当される組織体という独自の構成物が成立した。その放送局は、国家に対して放送の自由のような基本権を援用し得るものであった。連邦憲法裁判所は、最近まで、公法上の放送局の、我々すべてに担わされるべき財政的独立性を、再三にわたって承認していた。

　しかし、この構成物の憲法理論上の説得力の多くは、1950 年代においてと同じようにはもはや妥当しない事実に依存している。私

的な競争なしに、そしてインターネットなしに、公法上の放映、すなわち夕方のテレビニュースは、公的意見形成の本質的な集合点であった。今日では、情報を受け取るため、多くの選択肢が存在している。さらに、公法的なテレビ放送は、内容的にも市場関係にも順応させられた。テレビ放送は、娯楽中心のものになったのである。

　かつてのインターネットの約束事は、簡単な、自由には取り次がれないコミュニケーションにあった。しばしばネットは、法から自由な領域と想像された。そのような期待は実現されなかった。インターネットにおいても、フィルター、仲介者そして力の不均衡が存在する。デジタルのメディアは、コミュニケーションを断片化すると同時に解放的にするようにみえる。私的なそして公的な意見表明の間の区別は流動的である —— 市民の政治的討論を犠牲にして、であるが。法の実施は困難なままであるが、根本的にデジタルの世界についての異なる憲法上の諸原則が必要だろうという観念は、もっともらしさを失った。

　我々は、民主的公共圏の断片化と折り合わなければならないであろう —— そして、このことは悪いことであるだけではない。インターネットの民主的な討論の文化への効果は、非常に議論のあるところではあるが、基本法の秩序が公共放送の中心となる効果を以前ほど信用できないとしているとすれば、それは、私的なそして公的なコミュニケーション法の併存においてとどまり続けるであろう。むしろ、公法上の放送局は、独立した意見のフォーラムの市場の1つとしてそれを補完することできないことから、意義を失うであろう。宗教法の場合と同じように、ここでも、基本法ははっきりとした解決策を選択しておらず、むしろ、補完しあうだろう様々な法体系の併存を選択している。

　議会制民主主義において、マスメディアの向こう側で、議会が公

的意見形成の結晶点になる。しかしながら、議会での討論に関する失われた公的関心に関する広まった嘆きは、真剣には取り上げられていないようである。議会を知的審理の拠り所として型にはめてしまうことは、常に、議会の敵対者による、一般的な失望をプロデュースする手段であった。連邦議会は、合理的な議論の拠り所ではなく、政治的な論争の場である。憲法は、その合議体がどのぐらい多くの公的注目を集めるのかを規定することはできない。少なくとも連邦議会にとって、そしてそれと共に公衆にとっても、連邦政府の行動について情報が提供される可能性があるということは、確かに保障されているべきであろう。しかし、政府の情報提供の準備が不十分なことに対する議会や市民による訴えは、残念ながら、憲法裁判や行政裁判の日常業務を規定することになる。

◆ 5　経済憲法 ― 社会的正義 ― 民営化

　基本法がいかなる経済的秩序を規定しているのかという問いは、1950年代および1960年代の最も多く議論された憲法理論上の問題に属していた。そのような重大な問題において常にそうであるように、結局、一義的な答えは存在しなかった。基本権が私的財産を、自由な職業遂行と共に保障していることは疑いなかった。しかし、これらの基本権は制限され得るし、その制限は、基本法において同時に規定されている社会国家原理に基づき、多くの事件で憲法上正当化されている。基本法を他の西側の憲法と比較すれば、私的経済の保護は、ドイツの場合、憲法上比較的広範に拡張されているように思われる。多くの憲法は、基本法12条のように、職業の自由によって、あらゆる経済的活動となるほど十分な保護を提供していな

い。経済的にリベラルなアメリカ合衆国において、大部分の経済規
制は、基本権の保護領域に含まれていない。国家が私的財産を収用
し得る条件も、基本法では比較的厳格に規定されている。それにも
かかわらず、ドイツの法秩序が特に私的経済に友好的なものとして
妥当していないということは、基本権が確かに国家の介入を一定の
条件の下におき、制限し得るが、実際には、一定の民主的に意図さ
れた経済政策を有効に抑制する状態にはないという点にも原因があ
る。このことは、逆に、社会国家原理を眺めても妥当する。それは、
いずれにせよ個々人に、おそらくまだ社会扶助という命題の下にあ
るような絶対的な最低基準を保障しているのである。そのようにみ
てみれば、基本法は、1つの効果的な、あるいは1つの公正な経済
的秩序に比較的ほとんど寄与していない。解決策は政治的に見出さ
れなければならず、基本法から導かれるわけではない。連邦憲法裁
判所は、個々の事件で、過剰限界を引き、不平等取扱いを破棄し、
家族の取扱いを尊重するだろう。ヨーロッパ法や国際経済法が経済
のリベラル化の方向へと比較的一義的に突き進む一方で、基本法は、
決してそのような一義的な傾向を持っているわけではないが、しか
し、異なった方向へと向かうよう示す傾向をも持っているわけでも
ない。

　経済政策上の議論において、国家の法定立は、しばしば過剰規制
や官僚支配と同一視される。そして、この評価が事実であるならば、
このことが基本法と何らかの関係があるのか否かが問われることに
なる。しかし、形式ばった規制がまさに私的権利の保護に役立つと
考えられるのは、奇妙なぐらい稀である。そのために、ドイツにお
いて、アウトバーンを計画・許可したことにどれぐらい長く我慢し
ているかについて訴えられるかもしれない。その重要な理由は、ア
ウトバーンがその土地を通って作られるであろう私的所有者の基本

法上保障されている保護にある。そのようなプロジェクトは、権威
主義的な命令においてのみ、素早くそして非官僚主義的に実施され
得るにすぎない。そこでそれを経済的に定式化しようとすれば、法
治国家的に形式ばったことの「産物」は、私的な提供者の場合には
存在しないような手続的正義になろう。官僚制が生み出すことは、
もとよりすべての関係者の権利の承認である。

　基本法の意義についての1つの例は、結局、国家企業の民営化を
挙げることになる。郵便、鉄道輸送あるいは電話通信の市場が開か
れるならば、国家は、一方で、古い国家の独占事業者が新たな競争
者を不当な手段によってレースから外すことがないように心掛けな
ければならない。そして他方、国家は、一定の最低限の給付、つま
り近くにポストがあること、家で電話につながることなどがすべて
の者にとって自由に使えることを保障しなければならない。これら
の市場の自由主義化が多くのメリットを持ち得るものであるとして
も、両方の関心事が、大量の新たな規制を必要としている。

　基本法は、公的行為と私的行為の区別可能性から出発する。そう
であってのみ、基本権の保護が民主的で法治国家的な行為について
の国家の義務から境界づけられ得るのか否かが決定される。国家と
経済の間の協働の狭い形式で、この境界線が引かれることになる。
刑事施設での経済的経営が民営化されるならば、企業は、どのよう
な囚人が雇われるのかについて自由な決定を行うのであろうか。断
固としてノーである。国家は、囚人を働かせるという自らの義務を
放棄してまで民営化し得るものではない。しかし、すべての場合に
そのように一義的に決められるわけではない。国家行為と私的行為
の混合は、多くの憲法上の問題を投げかけるが、基本法は、それら
すべてに答える準備を整えているわけではない。

◆ 6　ヨーロッパと国際的秩序

　基本法の父および母たちは、しっかりと国際秩序に組み入れられた国家としてのドイツを望んでいた。民主的秩序に関しての問題についてと同じように、国際化の条件について、彼らは確かに正確に観念することができなかった。今日、基本法の秩序は、非常に多くの国際的諸関係に組み込まれている —— 若干は直接に、そして非常に多くは欧州連合（EU）によって媒介されてである。

　グローバル化に対するすべての批判に際して、そして昨今失われてしまった欧州統合に対する友好性に際して、最初にひとまず次のことが確認されなければならない。個人の権利ならびに基本法の国際的開放性をも強調する基本法の秩序にとって、原則的に望ましい現象が問題になる、ということである。法の国際化の制度的な基本問題は、個人や企業が、国際的取引や移動を規制し、例えば社会が消化しやすいように、そして環境を保護するように内容形成すべき政治的プロセスよりも早く取引・移動するという点に今やある。国家の民主的政治は、国際化に骨を折りながら追随することができるにすぎない。外交政策は、常に正当性の赤字に苦しむことになる。というのも、外交政策は、議会によってではなく、政府によって担われるからである。外交政策は、本質的部分について、公衆を排除して行われる —— そして、それは民主的ではない諸国家とも愛想よく協働する。国際裁判所を設置し、個人の権利を保障することは比較的簡単である —— しかし、国家の外で民主的な意思形成を確立することは非常に難しい。この理由から、国際的秩序にとっては、新たな規制を創造するよりも、規制を緩和すること、自由化することの方が簡単になる。政治的には、国際化は、1つの明確なトレンド

になっている。そして、国際化自体は、最近国際取引法や国際刑法といった様々な領域で示しているように、諸国家がその協働の準備を制約するならば、重大な困難さに陥ってしまう。

　しかし、権利国際化のプロセスにおいて、基本法の基本権をどうすればよいのだろうか。その所見は両面価値的である。一方で、国際的秩序は、独自の基本権保護の制度を設置する。ドイツにとっては、ストラスブールのヨーロッパ人権裁判所（EGMR）が最も重要な制度である。その判例は、ドイツの法秩序にも大きな影響を及ぼす。確かに、ヨーロッパ人権裁判所は、連邦憲法裁判所と一定の競争関係にある。若干の事件で、例えば長期間にわたる手続に際して、ヨーロッパ人権裁判所は、連邦憲法裁判所に、手続的基準の遵守を思い出させる。別な事件では、ヨーロッパ人権裁判所によって提示される理由がほとんど納得のいかないもののように思えることもある。さらに、ヨーロッパの 47 カ国について権限を持つヨーロッパ人権裁判所は、特にロシアやトルコのような威圧的な政治的形成物にとって、ゆっくりと自らの負担に耐えうる能力の限界に到達することもある。

　かなりの欠陥にもかかわらず、ヨーロッパ人権裁判所において国際的な基本権保護の機能的な形式が問題であるならば、国際的組織が、権利保護を提供することなく、基本権に介入する場合に問題が発生する。基本法は、ドイツの国家権力の行使のみを規制しているにすぎない。通常、基本法の基本権は、そのために、国際的な行為には適用されない。ドイツ国民が EU やその加盟国によって担われている学校の授業料の値上げに了解していないならば、EU が権利保護を保障しなければならない。しかし、連邦憲法裁判所は、それがいつもでないとしても、代理を務める権利を留保しておくことができる。そのことによって、一方で基本法と、他方でドイツ連邦共

和国の国際法上・ヨーロッパ法上の義務との間の対立が発生し得るであろう。しかし、そのような対立は、永久には避けられなくなっている。2008年、欧州連合司法裁判所は、欧州連合の領域のための国際連合の措置の変換を破棄した ── 連邦憲法裁判所も、まさにそれについては留保している。そのことによって、基本法の基本権は、別の任務を手に入れることになる。基本法の基本権は、多くの事件で、高権的権力の制限のための直接関連するルールではもはやなくなり、一定の国際的な協定における基本権上のコントロールが機能しないといった、ありそうもなくはない事件のための留保機能を手に入れている。

　国際的関係の民主的正当性の保全は、一定の最低保護の保障よりもずっと難しい。全く通常の外交政策は、既に述べたように、国内政治的な決定よりも民主的にコントロールすることが難しい。政府は、本来的に政治的多数派を形成し得ないような決定を、外交政策的圧力を指摘して国内的に実施するために、しばしばこの状況を利用する。この非常に議論される問題について、簡単な解決策は存在しない。そのような問題は、通常の場合、基本法に違反するものではなく、それに気づかずに通り過ぎてしまっている。しかし少なくとも、連邦議会の助けによって外交政策を監視し、コントロールできるような若干のメカニズムは考えられる。第一に、連邦憲法裁判所は、外交政策の議会によるコントロールについての制限的な判例を緩めなければならない。NATOがアフガニスタンでのように同盟地域外でも活動するようにしたNATOドクトリンの調整のような国際法の激しい変更は、連邦議会の同意を必要としていた。少なくとも、連邦憲法裁判所は、連邦国防軍の外国への派兵という問題に際して、ドイツ連邦議会の決定権を展開した。議会の関与の拡張は、確かに第二に、制度的にさらに発展し、法の国際化をより体系

的に追及するという連邦議会の準備をも前提にしている。この発展は、実際に看取される。連邦議会の組織は、近年、国際化の要求に沿うことを目指しているような立場を示していた。

　欧州連合は、法の国際化の特に問題ある事例として理解され得る。そこでは、すべての正当性の問題が幾重にも重なっている —— しかし、欧州連合は、この正当性の問題を解決しようとするグローバルに最も進展している試みと解釈されるかもしれない。欧州連合は、権利保護の包括的システムを発展させた。そのシステムは、国内裁判所とヨーロッパの裁判所を互いに繋ぎ合わせ、誰にでもヨーロッパ法に由来する請求権を実施できるようにしている。確かに、欧州連合が自由配分的制度から、例えばテロとの戦いの領域におけるように自由権をも制約する組織へと変遷したことは既にみた（前掲第3部4の「基本法のヨーロッパ化」参照）。政治的プロセスは、ヨーロッパ・レベルで、権利保護的な制度と同じように広範に発展してはいない。政府間の決定手続はしばしば理解するのが難しく、その間に非常に重要になった欧州議会への公的関心は常にまだ控えめであり、欧州選挙においての選挙参加は悪夢のように少ない。欧州連合が特にその敵対者を政治的に活気づけているかのようにみえるのである。

　基本法の重要性は、将来的に、ヨーロッパの諸条約の整序をも評価させられるだろう。ヨーロッパの諸条約を欧州憲法条約として特徴づけようとする試みは、民主的な国民投票において様々な加盟国の拒否により失敗した。ここには、欧州統合の続行に対して原則として懐疑的ではないが、憲法の概念によって欧州連合の価値を政治的・象徴的に高め、加盟国とそれを同等にすることを拒否するという姿勢が示されている。民主的な多数派は、憲法の概念と加盟国の諸憲法を結びつけており、ヨーロッパの諸条約を結びつけてはいな

い。しかし、ここから欧州統合に反対する論拠は導き出されず、ま
してや基本法を眺めてみてもそれは導き出されない。1992 年にマー
ストリヒト条約のために導入された基本法 23 条がドイツ連邦共和
国に、民主的かつ法治国家的に欧州統合へ協力するよう義務づけ
ているのであれば、この目標は、完全に満足のいく欧州統合によって
のみ達成され得ることになろう。欧州連合は、制度的に加盟国に対
して自立するようになってのみ、独自の正当性を獲得することがで
きるのである。

　欧州連合への我々の視点は、様々な危機によって決定的に刻印づ
けられた。それらは、ドイツにおいて ── たいていの他の加盟国に
おいてとは異なり ── 国内の憲法と関連づけて強烈に議論されたの
であった。

　この危機の最初のものは、2012 年のユーロ危機であり、それに
続く債務超過国および統一通貨の支持のための加盟国および欧州中
央銀行（EZB）の介入であった。どちらも、連邦憲法裁判所の包括
的手続の対象になった、そこでは、欧州中央銀行の金融政策がそれ
に委任された権限の範囲によってカバーされているのか、あるいは、
その金融政策が法的根拠なしの行為として連邦議会の予算自律権を
危険に曝していないかという問題が特に議論された。連邦憲法裁判
所も、この見解については、欧州連合司法裁判所（EuGH）への移
送へと続けた。欧州連合司法裁判所は、この問題についての評価は
分担せず、欧州中央銀行の政策をヨーロッパ法適合的と宣言した。
他のいかなる加盟国の憲法裁判所も、独自の疑問をもってそこまで
広範に取り上げなかった。国内裁判所が欧州連合の 1 つの機関をコ
ントロールすることを要求するならば、なおさら、独立した中央銀
行の行為を裁判上審査することは、非典型的である。

　2015 年の移民危機も、法的議論の対象であった。2015 年夏の邪

魔されずに行われた国境の閉鎖は合法だったのか、連邦政府は入国
者をコントロールする、あるいは国境を完全に閉鎖する義務を負っ
ていたのか。議論を提起した法の違反という主張は、発生した合法
的ポピュリズムの一部として広がり続けたが、結局は法学的に説得
力をもって裏打ちされなかった。その主張は、合法性についての政
治的意味やその下にある法治国家の理解（前掲1参照）のために興
味深い。

　最後に、他の加盟国における憲法上の展開も、多少、基本法の秩
序への直接的反作用を引き起こした。欧州連合の加盟国間の相当程
度の制度的絡み合いは、この加盟国すべてが民主的な法治国家とし
て行動している場合にのみ正当化される。このことは、数年前から、
少なくともポーランドやハンガリーを眺めれば問題になる。それら
の国では、裁判官の独立や意見の自由が強く制約されているのであ
る。このような展開に対抗的に統制することは非常に難しいように
思える。欧州連合の諸機関には権限や政治的重みが欠けており、加
盟国には政治的意思が欠けている ── それが全体的な形成物の弱点
になっている。別の、しかし構造的に類似する問題は、英国の欧州
連合からの離脱（Brexit）の内容形成においても示される。英国で
生活するEU市民の地位やアイルランドのEU国境の組織化は、す
べての加盟国にとって直接的な意味を持つ問題である。

　これらの問題を、その解決策が特に国内憲法秩序への回帰におい
て考えられる「欧州連合」の危機として特徴づける前に、一歩後退
することが要請されているようである。というのも、誰が「欧州連
合」と共に正確に考えたのか、欧州連合の独自の機関が危機の原因
を想定したのか否かは、必ずしも明確ではないからである。ハンガ
リーやポーランドで示されているように、権威的構造への堕落は、
欧州連合域外の国家においても同じように存在する。同様のことは、

大量の移民をどのように扱うのかといった問題をめぐる争いについても妥当する。反対に、欧州連合の独自の機関が欧州中央銀行を例外にして背後に退く一方で、これらの危機すべてが加盟国によって決定的に解決され、解消されるということが印象的である。

◇結語：基本法の欠落している根拠

　基本法が70年前に議会評議会で議論され、それに続いて制定されたとき、これは、その時代の人々にとって、特に喜ばしい出来事としてみなされてはいなかった。西ドイツの戦後秩序の創設は、誰の心も温めることができなかった政治的・道徳的義務の充足であった。基本法の施行は、東西ドイツの素早い統一へのあらゆる期待を終わらせた。基本法と共に成立した民主的・法治国家的秩序は、他の政治的選択肢を持っていなかった。そのために、憲法制定は、新たな国家建設のパトスを欠いていた。全く反対に、議会評議会の審議においては、初期のドイツ連邦共和国において早くに雲散霧消してしまうべきものではあった重苦しい政治的な罪の意識がまだ跡付けられる。同時に、憲法制定という技術的な問題よりも重要な心配事があった。基本法は、見栄えのしない緊急の誕生物であり、それは決してドイツの歴史の誇れる嫡出子ではなかった。

　70年後も、基本法は、象徴的なライト級のものであり続けている。記念日、記念論文集そして賛辞といった途切れることのない鎖によっても、そのことを何ら変えなかった。確かに、基本法は、ドイツにおける記憶の文化において、比較をしばしば呼び起こしている。例えば政治家、高級官吏、裁判官、弁護士あるいは法または政治理論の大学教員として基本法と専門的に付き合うことに勤しむ者は、基本法を成功した憲法と評価するであろう。それは、西側の諸憲法の明らかに一定の類型に属するが、そのスタイルだけでなく、それに民主的な憲法の集まりにおいて見間違えようのない個性のようなものを付与する十分な法技術的特殊性も持っている。常に外国で興

味を持つ人物と会話する者は、同じように通常、特に明らかに儀礼的なお世辞の範囲を超えて、基本法についての良いことだけを聞くことになる。それによって確かに、我々の憲法愛好者のサークルは終わりになったようである。非法学的な機能的エリートの場合、基本法についての問いは、どちらかといえばいぶかしさに突き当たる。実際に、我々の憲法はいずれにしてもポピュラーにはならなかった。ある種の啓蒙されたナショナリズムの代替物としての憲法パトリオティズムの理念も類型的に連邦共和国的 ── それによって悪いとは決していえないのだが ── であればそれだけ、その理念が再統一後もドイツの状況にうまく適合すればそれだけ、次のことがはっきりと分かるようになる。すなわち、ドイツ連邦共和国において、憲法パトリオティズムは存在しない、ということである。基本法への一般的な関心は貧弱なままであり、多数派にとってのそのアイデンティティーの価値は非常に限定されている。

　この無関心さは、第一に、いずれにせよ嘆き悲しむよりも記録されるべきことである。民主的な諸憲法は、一般的な愛着を生み出すことができ、そのための十分な理由を提供する。しかし、自己の政治的秩序に対する感情的な無関心の権利は、リベラルな国家の最も些細な目印ではない。そのような権利においてルールに頼らなければなければならないが、まだ一度もそのルールが好まれていたようなことは起こっていない。この無関心は、しかしながら、当惑的である。というのも、基本法は、ドイツ連邦共和国の政治的生活において、全く稀有な現在的地位を占めているからである。人間の尊厳、社会国家性そして（見かけの上での）「等価値的な生活関係」の樹立の義務（前掲第3部4の「目標なき連邦主義」参照）のような保障の援用は、ドイツ連邦共和国の政治的レトリックにおいて、他のヨーロッパ諸国と比較しても注目に値するほどおなじみになっている。

憲法秩序がより強力な政治的圧力の下に陥るならば、象徴的な空位という問題がより切迫することになる。ドイツ連邦共和国は、フランス、英国、スイスあるいはアメリカ合衆国において知ることができる深遠な政治的伝統を自由に使えるわけではなく、インドあるいは南アフリカにおいてのような共同体を規範的に定義づける建国の要因も使えるわけではない。その代わりに、憲法、憲法アイデンティティーあるいはその機能を果たすことができない「諸価値」が定められている。基本法は、1つの憲法であり、大なり小なり、法という手段での政治を提供するものとなっている。

　近年、欧州連合を眺めて連邦憲法裁判所によって以前よりも頻繁に用いられている「憲法アイデンティティー」の援用は更なる助けとはなり得ない。アイデンティティーという概念は、政治的共同体にとってあまりにも静的すぎるように思える。そのうえ、人間の尊厳や民主制といった基本法79条3項によって変更不能として保護されている規範は、まさに全くドイツの憲法にとって特別なものではない。それらは、普遍性の要求にまで高められ、そのことによって特別のナショナル・アイデンティティーをまさに生み出し得るような規範ではない。

　共通の憲法価値によって呪縛することも、我々の秩序のための基礎を見出すような問題を解決しないだろう。そのような価値の「共通性」に既に疑問が提起されなければならないが、基本的問題における共通性が問われる場合に常に、そのような価値は援用されている。価値というカテゴリーは、基本法の成果を把握するためには、多くの業績を上げているし同時にはしんど業績を上げていない。その概念が十分に拘束力を含んでいないために業績をほとんど上げられないのである。基本法は、勝ち取られ、強制力を持って執行され得る具体的な権利や義務を整えている。それは、ぼんやりとした価

値の約束以上のものである。しかし、この価値の約束は、非常に多くのものを含んでいる。というのも、憲法にとって、無制限で義務づけるわけではない法関係が問題になるからである。政治的論争において不利な所見から、それが価値秩序に一致していると主張することはできないだろう。それにも関わらず、それは、意見の自由によって保護されることになる。価値の援用は、すぐにあふれ出てくるし、結果として自由敵対的になってしまう。

　最も容易に、国家社会主義の支配の一定の否定の中に、基本法の創設が発見され得るであろう。しかし、この否定的な確認は、非常に狭く、それがいかに耐久力があり得るかは不確かである。

　それ故に、我々の憲法の創設にとっての政治史的な経験のより確かな規範的資産が欠けているならば、無関心によって全体的に伴われる憲法上の諸原則の援用に際しての前述の気前よさが作用することも、ほとんど驚くことにはならない。他の憲法文化においても、そのような誇張が発見されるかもしれない。それ故に、基本法が要請のカタログとして理解されるという点 ―― 憲法はすっかりそのように読まれ得るのであるが ―― ではなく、むしろその名宛人についても、またその内容についても基本法が提供する要請の種類が広く誤解され続けているという点で正確に取り上げられる問題が存在する。憲法上の要請の名宛人は我々自身であり、他の誰でもない。したがって、我々は、基本法が我々に欲しているすべてのことを自前でのみ手に入れることができ、我々と何ら関係のない抽象的な「国家」から受け取るものではないという苦痛を伴う洞察は、決して些細な洞察を提示するものではないだろう。しかし、基本法上の要請の内容は、自由以上のものでも自由以下のものでもない。自由は1つの財であり、それは、我々を自己の決定の結果によって1人でいるように放置するが、我々が欲していることを正確に手に入れる確

実さを提供するものではない。特に、基本法の自由は、我々に、政治的プロセスに参加する可能性を与えるが、政治的プロセスの代わりになるものではない。通常の場合、我々は、民主的共同体から欲していることを、基本法が可能にする民主的決定によって受け取る。稀な例外において、我々は、それを裁判手続での基本権によって手に入れるにすぎない。

　あらゆる者には、他のすべての者にも認められる権利だけが付与される。この理由から、基本法の大抵の約束事は、一定の内容に基づく約束事ではなく、1つの手続に基づく約束事である。この洞察がほとんどいかに普及していないかは、結局、基本法への導入が一定の状態を単純に確定できるかのように、できる限り多くのことをできる限り永遠に基本法で書き記しておくという普及する必要性においても示される。そのような姿勢は、憲法を過大評価すると同時に誤解するものである。それは、基本法におけるいかなる保障も単純におのずから追加的な政治的努力なしに実現されないということから、憲法を過大評価している。また、それは、決定プロセスを閉ざしてしまわず、開いておくことが民主的な憲法の本質的機能の1つであることを理解していないことから、基本法を誤解している。基本法は、良い生活を求める権利を十分な理由から含んではいないのである。

【参考文献】

〈テキストの提示本〉

H. Dreier/F. Wittreck（Hrsg.）, Das Grundgesetz, Textausgabe, 11. Auflage, Tübingen 2017.

〈ドイツの憲法史〉

H. Boldt, Deutsche Verfassungsgeschichte, Von 1806 bis zur Gegenwart（Bd.2）, 2. Auflage, München 1993.

D. Grimm, Deutsche Verfassungsgeschichte, 1776-1866（Bd. I）, 3. Auflage, Frankfurt am Main 1995.

M. Stolleis, Geschichte des öffentlichen Rechts in Deutschland（Bd. 2: Staatsrechtslehre und Verwaltungswissenschaft 1800 bis 1914, München1992; Bd. 3: Staats- und Verwaltungsrechtswissenschaft in Republik und Diktatur 1914-1945, München 1999, Bd. 4: Staats- und Verwaltungsrechtswissenschaft in West und Ost 1945-1990, München 2012）.

〈ヴァイマル期の国法学および国家社会主義への過渡期〉

P. C. Caldwell, Popular Sovereignty and the Crisis of German Constitutional Law, Durham, London 1997.

C. Gusy, 100 Jahre Weimarer Reichsverfassung, Tübingen 2018.

O. Lepsius, Die gegensatzaufhebende Begriffsbildung, München 1994.

〈基本法の成立〉

M. F. Feldkamp, Der Parlamentarische Rat, 1948-49, 2. Auflage, Göttingen 2008.

K. Niclauß, Der Weg zum Grundgesetz, Paderborn 1998.

〈ドイツ連邦共和国の展開〉

C. Möllers, Der vermisste Leviathan, 3. Auflage, Berlin 2016.

D. Simon（Hrsg.）, Rechtswissenschaft in der Bonner Republik, Frankfurt am Main 1994.

R. Wahl, Herausforderungen und Antworten: das Öffentliche Recht der letzten fünf Jahrzehnte, Berlin 2006.

〈コンメンタール〉

H. Dreier（Hrsg.）, Grundgesetz-Kommentar, 3. Bde., 3. Auflage, Tübingen 2013-2018.

〈教科書〉

K. Hesse, Grundzüge des Verfassungsrechts der Bundesrepublik Deutschland,

20. Auflage, Heidelberg 1995.

〈個別研究〉

H. Bredekamp, Politische Ikonologie des Grundgesetzes, in: M. Stolleis (Hrsg.),
Herzkammern der Republik, München 2011, S. 9ff.

T. Ellwein, Das Erbe der Monarchie in deutschen Staatskrise, zur Geschichte des
Verfassungsstaates in Deutschland, Tübingen 1954.

J. Habermas, Faktizität und Geltung, Frankfurt am Main 1992.

T. Henne (Hrsg.), Das Lüth-Urteil aus (rechts-) historischer Sicht, Berlin 2005.

M. Jestaedt/O. Lepsius/C. Schönberger/C. Möllers, Das entgrenzte Gericht,
Berlin 2011.

C. Möllers/L. Schneider, Demokratiesicherung in der Europäischen Union,
Tübingen 2018.

J. -W. Müller, Verfassungspatriotismus, Berlin 2010.

D. Sternberger, Verfassungspatriotismus, Schriften, Bd. X, Frankfurt am Main
1990, S. 13ff.

訳者あとがき

　本書は、ベルリン・フンボルト大学公法・法哲学講座のクリスト
フ・メラース（Christoph Möllers）教授により執筆された "Das
Grundgesetz; Geschichte und Inhalt" の 2019 年に公刊された第 3 版
の日本語訳である（なお、本書第 1 版は 2009 年に出版され、2019 年に
は第 2 版が出版されており、第 3 版は第 2 版のレプリント・バージョン
である）。

　本書の原著の執筆者であるメラース教授は、1969 年 2 月にノル
トライン・ヴェストファーレン州のボーフムに生まれ、1989 年か
らテュービンゲン大学で法学、哲学を、1991 年からミュンヘン大
学で法学、比較文学を学び、2000 年に『論拠としての国家（Staat
als Argument）』と題する著書・論文でミュンヘン大学から法学博士
の学位を取得している。2004 年にはハイデルベルク大学で教授資
格を取得し、その後、ミュンスター大学、ゲッティンゲン大学に勤
めた後、2009 年から現職のベルリン・フンボルト大学の教授とし
て研究・教育に従事している。現在は、大学教授の仕事と共に、ベ
ルリン・科学研究所（Wissenschaftskolleg）の常任研究員として研
究活動に従事すると同時に、連邦およびベルリンの様々な公職をも
こなすという非常に忙しく、かつ、現在最も有名なドイツ公法学に
おける研究者である。本書は、そのような多忙の中で執筆された比
較的短編のドイツ基本法に関する一般読者向けの概説書になってい
る。

　本書の特徴は、メラース教授の研究の出発点として公表されてい
る『論拠としての国家』で示された見解をベースにしていることが
散見される。すなわち、公法がしっかりとした基盤を持つのは実定

法としての基本法を解釈する場合だけであって、実定法から離れて抽象的な国家概念を論拠として登場させると、その論証が不明確になるという問題意識の下で、実定法としての基本法を、テキストとして、そして規範としてとらえることによって、現在のドイツ連邦共和国を創り出している憲法の内容を炙り出しているのである。そのために、本書ではまず、読み物としての基本法のテキストを取り上げる前に、ドイツにおける前史と基本法の成立についての叙述から始まる。いわゆる成文憲法典の歴史がドイツで始まる 19 世紀から、初期立憲主義の時代、第二帝国、20 世紀のヴァイマル共和国、国家社会主義の時代を経て、第二次世界大戦後の基本法制定の過程が叙述され、1945 年までのドイツの憲法史が現在の基本法とはいかに異なった状態であったかを提示し、それを克服し、他に選択肢のなかった自由で民主的な基本秩序を生み出す基本法がどのように起草されたのかが、本書の最初の内容として簡単にではあるが提示される。その後、テキストとしての基本法、規範としての基本法では、簡潔かつ適切に基本法の特徴が理解できるようにその内容が提示され、それに続けて、基本法の法学的機能とは別の、ドイツ社会における文化としての基本法の内容が憲法パトリオティズム、国法学、外国での受容と分けて論じられる。それによって、基本法のドイツ憲法史における歴史的位置づけを明確化させるが、その結果、基本法に対する一般市民の無関心とでも呼ぶべき事態から、基本法は、ドイツ憲法史の生み出した嫡出子とはいえないことが記述されることで、現在進行形の欧州統合の波にもまれて今後どのように展開していくのかについての懸念を暗示するような内容で結びとなっている。

　本書は、その冒頭に「『ドイツ連邦共和国基本法』は、テキストであるとともに規範でもある。メラース教授は、その簡潔にして含

意に富む挿入部分において、まず基本法のテキストを提示し、その構成および構造、ならびに若干の中心的な命題を解説する。それに続けて、規範としての、それ故にドイツの政治的・社会的秩序におけるファクターとしての基本法の観念が述べられる。前史および基本法の成立についての章、憲法文化の章、基本法への現実的挑戦の章は、この明確で十分読みやすい挿入部を補完している」との文面で、原著そのものを解説してくれている。また、本書の裏面では、「クリストフ・メラース教授は、簡明で鋭く、その後に本書の中心的内容を描写するために、最初に基本法の成立史を扱う。その後には、ドイツ連邦共和国の政治的・社会的現実におけるファクターとしての基本法の歴史が続く。それに続けて、メラース教授は、新たな権威主義的動きとの取り組みをめぐる議論や、ドイツの法秩序のヨーロッパ化・国際化といった基本法における現実的挑戦についての議論を展開している」という文面での原著の概要が記述されている。本書についての説明はそれで十分であろうと思われるので、以下では簡単に本書の原著出版の背景的事情を簡単に提示して訳者あとがきとする。

　本書の原著初版が公刊された 2009 年は、基本法制定 60 年目に当たる。その点からも、本書が専門家に向けて執筆された専門書ではなく、一般市民に向けた概説書であるという特徴は理解できるが、本書が公刊された 2019 年は、さらにドイツ連邦共和国において「憲法」と非常にかかわりの深い年とされており、「憲法の年（das Jahr der Verfassung）」と呼ばれていた。すなわち、2019 年は、ヴァイマル憲法制定から 100 年目、基本法制定から 70 年目の記念すべき年であっただけではなく、東西ドイツ再統一へと導いたベルリンの壁崩壊から 30 年目であり、ヨーロッパ全土では現在の欧州連合を基礎づけているいわゆるリスボン条約施行から 10 年目に当たっ

ていた。その中で、まさに本書でも触れられているが、欧州懐疑主義からの右派ポピュリズムが台頭し、ナショナリズムに基づいて反欧州連合の声が、ドイツだけでなく、隣国のポーランドや周辺国であるハンガリーからも挙がり、まさに 2019 年 5 月に実施されたドイツの旧東側諸ラントでのラント議会選挙や、欧州議会選挙で右派ポピュリズム政党が一定の議席を獲得するという形で、基本法がその根底において規定しているリベラル・デモクラシーが揺らいでいた時期に執筆・公刊されたのであった（同時に、欧州連合加盟国のすべてに大きな影響を及ぼすであろう英国の欧州連合離脱、いわゆる Brexit がどうなるのかも問題とされていた時期であった）。そのために、一般市民向けに執筆された本書では、初版になかったそのような政治的動きに対する基本法およびその根底にある法治国家性の視点から批判的見方が付け足されているとの解説も示されるところである。本書をお読みいただいて、それがどのように示されているかを理解いただければ非常に幸いである。

　ただ、本書執筆後に発生したコロナ禍でのドイツ・ヨーロッパでの混乱に対処する法的問題についてまだ触れられていないのは、執筆時期からして残念ながら致し方ないことである。それにもかかわらず、日本語版への序文でメラース教授が指摘されているように、基本法と日本国憲法は、憲法裁判所の有無という点での相違はあるものの、歴史的出自において非常に類似する。日本国憲法も、19世紀の明治維新における大日本帝国憲法制定から成文憲法の歴史が始まったという点、第二次世界大戦での敗戦までリベラル・デモクラシーの伝統を有していなかった中でポツダム宣言の受諾によって他の選択肢なしに起草・制定されて、現在に至るまで日本国および日本社会の基盤として機能しているという点、そして、日本の法文化が明治以来ドイツに由来し、現在も私法・公法の領域でコモン・

ローではなく、ドイツを中心にするヨーロッパ大陸法の影響の下にある点で、ドイツの憲法である基本法を比較参照することは重要なことと思われる。また、本書で示されているように、憲法は建国の文書であるとすれば、リベラル・デモクラシーを基盤に据える日本国は、欧州連合やドイツ連邦共和国とは、キリスト教文化を伝統に持たないアジアの国の中で法原理を共有する1つのファミリーであるとも考えられる。その意味で、本書は、現在の日本国憲法の問題を考える上でも有益なものとなるよう祈念する次第である。

　最後に、昨年ベルリン近郊のリューベナウで行われた「2022年日独憲法対話」のシンポジウムにおいて、訳者の突然の日本語版出版の依頼を快く受諾いただき、ご多忙の中、本書のために「日本語版への序文」まで執筆いただいたクリストフ・メラース教授に、そして、日本語翻訳版の出版を承諾いただいたドイツ C.H.BECK 社、本書出版のためにドイツの C.H.BECK 社と面倒なやり取りをしていただいた信山社出版、今井守氏に、ここに深く感謝の意を表しておく。

2023年4月、桜花満開の神戸大学六甲台キャンパスの研究室にて

井 上 典 之

〈著者紹介〉

クリストフ・メラース（Christoph Möllers）

2004 年　ミュンスター大学法学部・教授
2005 年〜 2009 年　ゲッティンゲン大学法学部・教授
現　在　ベルリン・フンボルト大学法学部・教授、ベルリン・科学研究所（Wissenschaftskolleg）
　　　　常任研究員

〔主要著作〕

Freiheitsgrade: Elemente einer liberalen politischen Mechanik, 4. Aufl.（Suhrkamp, 2021）
Demokratiesicherung in der Europäischen Union : Studie zu einem Dilemma（Mohr Siebeck, 2018）
Die Möglichkeit der Normen: über eine Praxis jenseits von Moralität und Kausalität: mit einem
　neuen Nachwort（Suhrkamp, 2018）
Staat als Argument, 2. Aufl.（Mohr Siebeck, 2011）
Der vermisste Leviathan: Staatstheorie in der Bundesrepublik（Suhrkamp, 2008）

〈訳者紹介〉

井 上 典 之（いのうえ　のりゆき）

1983 年　神戸大学法学部卒業
1988 年　大阪大学大学院法学研究科・単位取得退学（1996 年博士（法学））
現　在　神戸大学大学院法学研究科・教授、ジャン・モネ・チェア

〔主要著作〕

『憲法の時間（第 2 版）』（編著、有斐閣、2022 年）
『スポーツを法的に考える I —— 日本のスポーツと法・ガバナンス』（信山社、2021 年）
『スポーツを法的に考える II —— ヨーロッパ・サッカーと EU 法』（信山社、2021 年）
『「憲法上の権利」入門』（編著、法律文化社、2019 年）
『憲法判例に聞く』（日本評論社、2008 年）
『ペーター・ヘーベルレ・基本権論』（編訳書、信山社、1993 年）

〈現代選書〉

ドイツ基本法
——歴史と内容——

2023（令和 5 ）年 6 月 30 日　第 1 版第 1 刷発行

著　者　C.　メ　ラ　ー　ス
訳　者　井　上　典　之
発行者　今　井　　　貴
発行所　㈱　信　山　社

〒113-0033　東京都文京区本郷6-2-9-102
電話　03（3818）1019
FAX　03（3818）0344
info@shinzansha.co.jp
出版契約 No.3437-4-0101　printed in Japan

© Verlag C.H.Beck oHG, München 2019
印刷・製本／亜細亜印刷・渋谷文泉閣
ISBN978-4-7972-3437-4 C3332 3437-012-015-010-002
NDC 分類 323 . 800-d005 . P2200E：P152 憲法

現代選書シリーズ

未来へ向けた、学際的な議論のために、
その土台となる共通知識を学ぶ

ＥＵとは何か【第3版】―国家ではない未来の形
　／中村民雄 著

ＥＵ司法裁判所概説／中西優美子 著

現代ドイツの外交と政治／森井裕一 著

環境リスクと予防原則Ⅰ　リスク評価【アメリカ環境法入門1】
　／畠山武道 著

環境リスクと予防原則Ⅱ　予防原則論争【アメリカ環境法入門2】
　／畠山武道 著

環境リスクと予防原則Ⅲ　アメリカ環境政策の展開と規制
　改革―ニクソンからバイデンまで【アメリカ環境法入門3】
　／畠山武道 著

女性差別撤廃条約と私たち／林陽子 編著

原子力外交―IAEAの街ウィーンからの視点／加納雄大 著

環境外交―気候変動交渉とグローバル・ガバナンス
　／加納雄大 著

東南アジア外交―ポスト冷戦期の軌跡／加納雄大 著

核軍縮入門／黒澤満 著

緊急事態の法的コントロール―大震災を例として
　／初川満 編

国際テロリズム入門／初川満 編

武器輸出三原則入門／森本正崇 著

韓国社会と法／高翔龍 著

基礎からわかる選挙制度改革／読売新聞政治部 編著

年金改革の基礎知識（第2版）／石崎浩 著

人にやさしい医療の経済学―医療を市場メカニズムに
　ゆだねてよいか／森宏一郎 著

首都直下大地震から会社をまもる／三井康壽 著

大地震から都市をまもる／三井康壽 著

信山社

井上典之 著

スポーツを法的に考えるI
日本のスポーツと法・ガバナンス

定価：本体1,100円（税別）　新書判・並製・265頁　ISBN978-4-7972-8106-4　C3332

●プロ野球など、日本スポーツを法・ガバナンスの観点から仔細に解説●

スポーツを法的に考えるII
ヨーロッパ・サッカーとEU法

定価：本体900円（税別）　新書判・並製・220頁　ISBN978-4-7972-8107-1　C3332

●理解困難なEUの仕組みを、サッカーというスポーツを媒介に解説●

第I巻

プロ野球・サッカーなど、日本スポーツを法・ガバナンスの観点から仔細に解説。経済活性化の手段としてのスポーツと、スポーツ本来の目的を、法的視点から捉え直す。姉妹編の『スポーツを法的に考えるII―ヨーロッパ・サッカーとEU法』と合わせて、広くスポーツと法の関係が分かる待望の書！

第II巻

理解困難なEUの仕組みを、サッカーというスポーツを媒介に解説。サッカーからEUの法と社会を、そして、EUの法と社会からサッカーを考える。姉妹編の『スポーツを法的に考えるI―日本のスポーツと法・ガバナンス』と合わせて、広くスポーツと法の関係が分かる待望の書！

【第I巻目次】

◇序　スポーツと法
◇第1章　近代国民国家の形成とスポーツ
◇第2章　国家を背景にするスポーツ
◇第3章　スポーツ法制度の整備とその実体
◇第4章　スポーツを冠にする法律
◇第5章　日本のスポーツ法制の基本的内容
◇第6章　スポーツ立国の中心になるプロ・スポーツ
◇第7章　日本のプロ・スポーツの代表例としての野球
◇第8章　日本のプロ野球選手をめぐる問題
◇第9章　二番煎じにはならなかった日本のプロ・サッカー
◇第10章　日本のプロ・サッカーの仕組みとプロ・サッカー選手
◇第11章　日本のスポーツにおける紛争解決手段
◇第12章　日本のスポーツの現状認識―オリンピック、プロ野球、Jリーグやその他

【第II巻目次】

◇序　なぜEUか？
◇第1章　欧州統合への船出―EUとは何か・その一
◇第2章　規範複合体として―EUとは何か・その二
◇第3章　欧州統合への道のりとスポーツ
◇第4章　リスボン条約におけるスポーツのテーマ化
◇第5章　ヨーロッパ・サッカーとEU法
◇第6章　ヨーロッパ・サッカー・リーグの特徴
◇第7章　EUに対してUEFAの持つ二面性
◇第8章　選手は労働者、それとも文化の担い手？
◇第9章　助成のための資金調達？
◇第10章　EUの持続可能な発展のための活動
◇第11章　EU市民法とプロ・サッカー
◇第12章　EUの価値観の実現に向けて
◇エピローグ　BrexitとEUの今後

信山社

司法的人権救済論／井上典之　著

基本権論／ペーター・ヘーベルレ　著，井上典之　編訳

ドイツの憲法判例 I ～IV／ドイツ憲法判例研究会　編

講座　憲法の規範力 1 ～ 5 巻／ドイツ憲法判例研究会　編

〈ガイドブック〉ドイツの憲法判例／鈴木秀美・三宅雄彦　編

憲法の発展 I －憲法の解釈・変遷・改正
　　／鈴木秀美・M. イェシュテット・小山剛・R. ポッシャー　編集

シュテルン　ドイツ憲法 I・II／クラウス・シュテルン著

メディア法研究 1 号　続刊／鈴木秀美　責任編集

EU法研究 1 ～ 13 号　続刊／中西優美子　責任編集

ヨーロッパ人権裁判所の判例 I・II／小畑郁・江島晶子他　編

人権判例報 1 ～ 6 号　続刊／小畑郁・江島晶子　責任編集

フランスの憲法判例 I・II／フランス憲法判例研究会　編

判例トレーニング憲法／棟居快行・工藤達朗・小山剛　編

憲法の原理と解釈／棟居快行　著

講座　立憲主義と憲法学　全 6 巻
　　／編集代表：山元一・愛敬浩二・毛利透・只野雅人
　　　　　　　宍戸常寿・江島晶子　第 1 ～ 4 巻既刊、以下続刊

信山社